子育ての
イライラ 怒り 不安 は
手放せる！

ママの自己肯定感がグンと高まる

アドラー流

「感情マネジメント」

公認心理師●愛川よう子

コスモ21

カバーデザイン&本文イラスト◆船津朝子
書籍コーディネート◆小山睦男(インプループ)

ママの自己肯定感がグンと高まるアドラー流「感情マネジメント」……もくじ

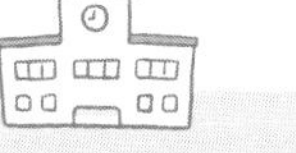

1章 自己肯定感がグンと高まる感情マネジメント
——ママになって自信を失ったあなたへ

2章　子育てがスッとラクになる感情マネジメント
——子育てでイライラしやすいあなたへ

3章 夫婦関係がもっと良くなる感情マネジメント
――夫婦関係に悩んでいるあなたへ

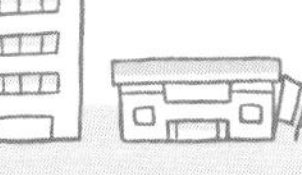

4章 「ママ」から「私」へ！ 幸せになる私をつくる
——自分らしく生きられていないと感じているあなたへ

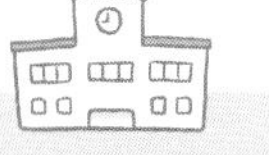

それまで体験したことのない感情が次々と襲ってきた

この本は、子育て中のママに贈るアドラー流「感情マネジメント」です。

ママになるまでの私は、思うようにならないことがあっても、ある程度は自分の感情をコントロールできると思っていました。

ところが、いざママになってみたら、その自信は見事に打ち砕かれてしまったのです。思いどおりにならない子どものこと、夫婦関係のすれちがい、さらに仕事でのストレス……、それまで体験したことのない「イライラ」「怒り」「不安」「落ち込み」などの感情が次々と襲ってきました。

それまでの私は、どんなにつらいときでも感情をコントロールして生きてきたつもりなのに、ママになった今はどうしてそれができないのか。ひとり戸惑う毎日が続きました。私のママ体験のスタートはそんな状態でした。

もしもあなたが、同じような悩みをひとりで抱えていて、この本を手に取ってくださったのであれば、きっとお役に立てると思います。

そう言えるのは、なぜなのか。まずはもう少し、私の話をさせてください。

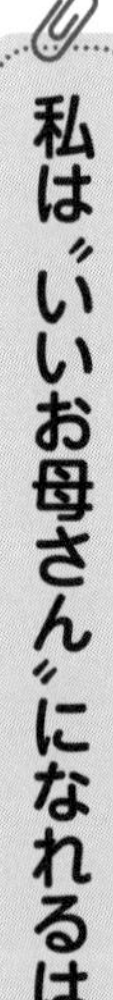

私は〝いいお母さん〟になれるはず

私は小さいころから、そして大人になっても長い間、上がったり下がったりする自分の感情の嵐に巻き込まれ、苦しい時期を過ごしてきました。ちょっとしたことでも他者と比較して自己嫌悪に襲われます。職場では「できる女」でありたくて、そんな仮面をつけて仕事をこなしていましたが、内心は自己否定の強い自分に苦しんでいました。

それは、私が育った家庭環境や子ども時代の体験も影響していると思います。母子家庭、いじめの経験、激しい反抗期……。そんななかで

「生きるのってつらいし大変」

「人生って思いどおりにならないものだな」

「どうせ私なんて」

といった感情がいつも私のこころを覆っていました。生きているのがつらい、そんな時代が長くありました。


私にとって大学を卒業し、社会に出て働くことは、そういう自分を手放すことでもあったのです。そして結婚し、子どもが生まれ、ママになったとき、私はこれでようやく普通の幸せを手にしたんだと思いました。

子どもは本当に可愛いし、子育てはいろいろ大変なことがあっても幸せなものだし、私は〝いいお母さん〟になれるはず。生まれてきたわが子を抱っこし、愛しい顔を眺めながら、そう信じてやまなかった私。

けれども、その後の現実はまったく違っていました。

イライラして感情をぶつけてしまう自分が情けない

当時の私は毎日必死で赤ちゃんのお世話をし、子育てのノウハウ書を参考に、どんな小さな変化も見落とすまいと頑張っていました。

本の情報とわが子の成長とを重ね合わせ、そのとおりに育っていると思えたら安心しましたが、反対にそうでないと心配で仕方ありませんでした。

それでもなんとか子育てはできていましたが、様子が変わってきたのは子どもが2歳、3歳とイヤイヤ期を迎えたころです。

「ご飯たべようね」「それは危ないからいけないよ」と一生懸命言い聞かせているのに、言うことを聞いてくれない。それどころか、癇癪を起こし、どこでもかしこでもひっくり返り大声で泣かれると、人目が恥ずかしいやら、どうしていいのかわからないやらで、ついイライラしてしまう。

子どもは親の思うようには動いてくれないことは頭ではわかっていても、そんなことがたびたび続くと、このままだとどうなってしまうのだろうと焦ったり、私の方が泣きたくなったりすることも。やがて、その焦りや悲しみを通りこしてイライラすることがどんどん増えてきました。そして気づいたときには、言うことを聞かないわが子を怒ってばかりいる私がいたのです。

それはママとして、わが子を一人の自立した人間として、しっかり育てたいという使命感・責任感から来るものです。「ちゃんと育てなければ！」「私がこの子をしつけなければ！」という気持ちで毎日必死でした。しかし、そうして必死になればなるほど、毎日ガミガミ怒ってばかりだったのです。

夜、泣き疲れて眠った子どもの顔を見ながら、怒ることをやめられなかったことを悔やみ、情けない自分に涙することもよくありました。

いいママになれると思ってスタートしたはずなのに、実際は理想のママとは程遠い自分、感情をコントロールできず同じ過ちをくり返す自分に、激しく自己嫌悪する日々が続きました。そのうち、幸せだったはずの子育てを苦行と感じるようになっていたのです。

ママになる前、会社員として働いていたときの自分は、どんなにイヤなことがあっても、それを人にぶつけたりはしなかった。それなのに、幼いわが子には自分の感情をコントロールできず、イライラして感情をぶつけてしまいます。それは、自分が自分ではないような、恐ろしくて醜い自分に出会う感覚でした。

正直、これほどまでに自分が感情的で、愚かで、情けなくちっぽけな人間だったのかと、打ちのめされたのです。そして、「どうしたらいいの⁉」「どうしたらいいママになれるの⁉」「誰か教えて！」そうこころの中で叫んでいました。

子どもが気づかせてくれた大切なこと

そんな私が大きく変わるきっかけを作ってくれたのが、当時5歳だった長男の言葉です。3歳年下の弟と兄弟喧嘩をしていた長男のことを、私がいつものように叱っていたとき、長男が泣きながら私にこう言ったのです。

「どうせ僕が全部悪いんでしょ？　僕なんか、いなくなっちゃえばいいんでしょ？」と。

その言葉を聞いた瞬間、私は頭をハンマーで強く殴られたような衝撃を受けました。

（え⁉　私はそんな言葉、一言も言ってないのに！　あなたが全部悪いとも、ましてや、いなくなってしまえばいいなんて、これまで一度も言ったこともないのに！）

それでも長男は、私の関わり方から、そんなメッセージを受け取っていたのだと気づかされたとき、私は絶望し、いてもたってもいられなくなりました。自分ではそうは思っていませんでしたが、私が自分の感情のままにぶつかってきた結果、子どもはちゃんと育つどころか、自己肯定感すら育っていなかったのです。

このとき私は、ようやく、

「このままではいけない。変えなければいけないのはこの子ではなく、私自身だったんだ」

と気がつきました。

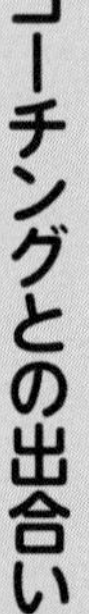

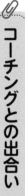

コーチングとの出合い

それをきっかけに、自分の感情をコントロールできる方法を模索し、ネットでさまざまな情報を調べていくなかで、偶然、コーチングという言葉に出合いました。その瞬間、今の私に必要なのはこれだ！　そう直感し、藁にもすがる思いでコーチングスクールに通うことを決意しました。

そこでアドラー心理学やコミュニケーションスキルなどを学び、徹底的に自分と向き合いました。気がつくと、私の生き方・マインド・子育ては激変していました。

当時の私は、子育てもうまくいかず、仕事も思いどおりにできなくなっていました。ワーキングマザーになっても夢は諦めたくなかったけれど、子育て優先のために時短業務を選択したため、思う存分働けない。そのうえ、職場の対人関係に悩まされて鬱状態に陥り閉塞感で一杯。ひとりの女性として、この先の人生に大きな希望も目標も持てなくなっていき、そんな自分に、がっかりしていました。

その私がコーチングや心理学に出合ったことで、**自分の中にある無意識の思考や行動、物事をとらえるときの思考のクセ、信念や思い込み、そうしたものが今の自分の辛さに深く影響している**ことが見えてきたのです。それらが子育てのなかで表面化していたこともわかってきました。そして、なにより、こころから自分を大切に思えていなかったことに気づきました。

それをきっかけに、ひとりの女性として、ママとして今の自分を大切にしながら幸せに生きる方法を手に入れることができたのです。

もちろん、今でも悩むことはありますが、自分の感情の動きにすぐ気づき、寄り添い、安定させることができます。おかげで以前よりはるかに子育てもラクになり、幸せに過ごしています。

コーチングに出合ってから2年後のことですが、この体験をたくさんのママと共有したいと思い立ち、会社を辞めて、プロコーチとしてママたちの悩みを解消する仕事に就きました。そのなかでたくさんのママたちに出会ってきましたが、ひとりで悩んでいたママたちが笑顔に変わることに大きな幸せをもらっています。

なぜママになると感情をコントロールできないのか

このことをもう少し考えてみたいと思います。

私は不思議でした。子育てをするまで、こんなに感情を表に出すような人間ではなかったからです。学生時代も、社会人になっても、イヤなことはたくさんあったし、人間関係で腹が立つこともありました。だからといって、自分のイライラや怒りを、人にぶつけるようなことはなかったし、少なくとも人前では、自分の感情をコントロールできていたつもりです。

それなのに、なぜ、ママになってからというもの、自分の感情コントロールがうまくできず、こころにある感情をそのまま子どもにまでぶつけてしまうようになったのでしょうか。

おそらく、そこには主に2つの理由があったように思います。

一つは、わが子は自分と切っても切り離せない存在であり、一心同体のように

感じているからです。そんなわが子が幸せに生きられるように、「いいお母さんになりたい」と無条件に思っているのでしょう。そして、多くの母親が「この子が幸せに生きられるよう、ちゃんとした子育てをしたい」と望んでいるのではないでしょうか。あるいは、そうする責任があると思っているのです。

他人だったら、そこまで責任感を持たずに関われます。イヤだったら諦めたり離れたりすればすむ。でも、わが子はそうはいきません。私たち母親は、わが子のことを諦めることができません。

どうしても幸せになってほしいし、その手助けをしたいのです。それゆえ、失敗したくなんてありません。

そのためには、この子をいい子にちゃんと育てなければならないし、私が正しいと思うとおりにやってほしいと願います。まさしく、私と子どもはイコールであり、運命共同体である。これは、母親であれば誰もが抱く正直な気持ちだと思います。

それがゆえに、私が考えるとおりに子どもが振る舞ってくれなければダメなんだ！　と思い込んでしまいやすい。当時の私は、まさしくそんな感じでした。ところが、そんなふうに子育てをしようと必死になるあまり、私の考えに反する子どもの間違いや失敗を許せず、正しさをわからせようと厳しく責めていたのです。

感情には目的がある

自分の感情をコントロールできず、子どもにまでぶつけてしまうもう一つの理由は「感情の目的」です。

アドラー心理学には「感情が人を突き動かす」のではなく、人は目的のために「感情を使用する」という考え方があります。つまり、**自覚・無自覚にかかわらず、感情には目的があって、怒ったり泣いたりする。そうすることで、私たちは相手に何かを伝えたり、わからせたりしようとするのです。**

その目的とは、相手をコントロールすることであったり、自分の正しさをわからせたりすることです。

たとえば、宿題をしないわが子を穏やかに見守れず、「勉強しなさい！」と怒るのは、手っ取り早く言うことを聞かせたいからです。あるいは、勉強をしないことで子どもの未来は危うくなるかもしれないという不安から自分が逃れたいからです。

そもそも、私たちのこころの中で怒りの感情はどのように起こるのでしょうか。たとえば、手伝いをしない夫を前にイライラして、ため息をついたり、きつい言葉をかけたりしてしまうのは、自分の不機嫌を察して本当は動いてほしいから。そんなふうに、自分のこころの中にある気持ちをわかってもらうために、私たちは「怒り」を使ってしまいます。

他人だったら、ある程度こころの境界線をひいて、期待を手放したり諦めたりすることができるけれど、家族は親密な運命共同体です。私の不安や悲しみ、焦りや苛立ちをわかってもらわなければ困るのです。その分、わかってもらうために無意識レベルで怒りの感情をぶつけてしまうのです。

もしもあなたが、自分の感情をコントロールできないという悩みで、この本を手に取ってくださったのであれば、この話に思い当たることはありませんか？

でももう、大丈夫です！　**ママ特有の感情のしくみを理解できるだけで、感情**

に振り回され、家族にぶつけてしまうあなたから卒業できます。感情に「支配される」のではなく、感情を「マネジメントし味方につけて」、もっともっと幸せ感のある毎日を過ごせるようになります。

感情を味方につければすべてが変わる

そのためのステップが3つあります。

Ⅰ　自分の感情を知る
Ⅱ　感情に居場所を与える（受け容れる）
Ⅲ　本当の願いに従う

くわしくは、これからお話ししていきますが、これらは、子育てでも、夫婦関係でも、社会人として世の中で生きていくうえでも当てはまります。大切なことは、この3つのステップを実践することです。

本書は、その方法をわかりやすく紹介しています。一緒に各「感情マネジメント」のワークをしながら読み進めていくだけでいいです。読み終わるころには、これだったら、感情が揺れたとき、すぐ実践できると確信していただけると思います。

そう言い切ることができるのは、私自身が子育てのど真ん中で悩み苦しんでいたとき、こんなママのためのこころの教科書が欲しかった！　このことを知りたかった！　と思ったことを本にしたからです。

先にお話ししましたように、私の人生の前半は、少しでも思ったようにできないことがあると、どうせ何をやってもうまくいかないとネガティブにとらえ、それは自分がダメ人間だからだと自己否定して生きていました。それでも、そんな自分を気づかれないように生きていたのですが、ママになったところで、そのままの自分で生きることが限界になったのです。

そんなときに出合ったコーチングや心理学を参考にしながら、自分の感情と向き合う方法を実践していると、しだいに自分の感情や気持ちをコントロールできるようになっていきました。不安定になりそうなことがあっても、すぐに落ち着きます。それからすでに10年くらい経ちますが、おかげさまで今では、すっかり穏やかで幸せなママとして過ごしています。そのエッセンスを本書にぎゅっと詰め込みました。

私がプロコーチになってから、サポートしてきたたくさんのママたちのエピソードも登場します。もし、おひとりで悩んでおられるとしたら、この本との出合いをきっかけに仲間入りしてください。

では、ここから私と一緒に「感情マネジメント」を始めていきましょう。

二〇二三年八月

愛川よう子

※本文を読む前にお願い

この本を読み進めるにあたり、マイノートを準備してください。可愛いデザインのお気に入りのノートでもいいですし、大学ノートや方眼ノートでも構いません。そのノートを脇に置いて、「感情マネジメント」のワークをやっていきましょう。

次頁にある二次元コードにアクセスして「感情マネジメント」専用ワークシー

トをダウンロードし、それをマイノートとして利用していただいても構いません。

https://onl.bz/nUBvYxT

自己肯定感がグンと高まる感情マネジメント

——ママになって自信を失ったあなたへ

生きていくうえで大切な自己肯定感

「自己肯定感」という言葉について、あなたはどんなイメージをお持ちですか？

私がこの言葉に出合ったのは、ママになってからです。それまで自己否定の感情は自覚していても、それが「自己肯定感が低い」と言われる状態だとは知りませんでした。とはいえ、最近ではよく目にする言葉で、自己肯定感に関するさまざまな本も出ていますね。

この言葉は、自らの在り方を積極的に評価できる感情、自らの価値や存在意義を肯定できる感情などを示しています。自己否定の感情と対をなす感情ともいえます（出典　実用日本語表現辞典）。

もう少し噛み砕いて表現すれば、

・私は私として生きていていい
・私はそのままで価値がある存在だ
・私は愛し、愛される存在だ

・私には困難を乗り越える力がある
・人生にはきっといいことがある

そんなふうに思えていることです。

きっと誰もがそんなふうに思って毎日を送りたいと思うでしょうし、わが子にもそのように思いながら育っていってほしいと願うでしょう。

自己肯定感が高ければ、気持ちも安定するし、意欲や向上心を保てます。たとえ失敗しても、また次のチャンスがあるさ！　と前向きに進んでいくことができます。**ですから、自己肯定感は、私たちが生きていく力そのものといっても過言ではありません。**

あなたの自己肯定感は条件付き？

でも、実際は「条件付き」の自己肯定感になっていることが少なくないと思います。どうしてかといいますと、

「誰かに認められたから」自分にＯＫが出せる

「私はこれができるから」価値があるというふうに考えてしまっていることが多いからです。その条件を満たしているかどうかでしか、自分に価値を見出せないということです。

私の会社員時代の自己肯定感はまさしくそんな状態でした。ですから、周りに自分よりすぐれていると感じる人がいたり、何かで自分が失敗をしたりすると、途端に自己肯定感は私のこころの中から消え失せ、自己否定の感情で占領されてしまいました。そんな自分であることを気づかれないよう装って仕事を続けていたのです。

本来の自己肯定感は「～ができるから私には価値がある」ではなく、いいところも、そうでないところもすべてひっくるめて私は私であり、そんな私でいい、と思えることです。

皆さんはいかがですか。条件付きではない自己肯定感を持てていますか。

ここから感情マネジメントのはじまりです。

まずは、マイノートを準備してください。プロローグでも述べましたように、どんなノートでも構いませんが、これから感情マネジメントごとに書き込んでいきますから、できればお気に入りのノートを見つけてください。

このノートはきっと、あなたを否定することのない、こころの居場所になっていきます。

自己肯定感を高める感情マネジメント1-1

「自己肯定感を数字で書いてみましょう」

❶あなたの自己肯定感は10点中何点ですか？　直感で構いませんから書いてみましょう。

❷その点数をつけた理由を思いつくまま具体的に書いてみましょう。

たとえば、5点をつけたママはこんなふうに書いていました。

・毎日ママ業を頑張っている
・働きながら家事もしている
・家族を大切に思っている

・けっこう気を遣える
・笑顔がいいと言ってもらえる
・向上心がある
❸次は自己肯定感が10点満点の自分をイメージして、その自分はどんな状態かを想像して書いてみましょう。
あるママは、こんなふうに書いていました。
・いつも穏やかで笑顔でいられる
・失敗してもくよくよせずポジティブ思考でいられる
・子どもの話をよく聞けている
・自分時間が充実している
・夫とお互いの話をしている
❹現在の点数に、まずプラス1点するためにどんなことができたらいいか？ を書いてみましょう。
あるママはこんなことを書いていました。
・あれこれ心配しすぎない

・気持ちの切り替えを早くできるようにする
・落ち込んでいることに気がついたら深呼吸する
・子どものことを叱っても、くどくど言わず、わかりやすく短く伝え、あとは切り換えて、しっかり愛情のこもった言葉を伝える

あなたも、ご自分の自己肯定感について、マイノートに①、②、③、④と書いてみてください。

ポイント

この感情マネジメントを通して体験してほしいことは、今の自分自身を感じ取り、その感情を受け入れて寄り添うことです。そのため、たとえ点数を低くつけたとしても、②では、その点数をつけた理由をできるだけそのまま書き出してみてください。

そのうえで、自分が本当はどうなりたいと思っているのか、できる、できないは脇に置いて書いてみてください。

さらに、そうなるために④では、何ができたらいいだろう？　これをやってみ

ようかな？　というアイディアを、どんなに小さなことでもいいので、書き出してみましょう。こんなことはできないのではないか？　と決めつけて、書くことを止めないでください。気軽に、思い浮かぶままに書いてくださいね。

自己肯定感をいちばんに奪っているのは自分自身

プロローグでも書きましたように、それまでの私の自己肯定感がどれほど低かったのかをいちばん思い知らされたのが、子育てでした。子どもとうまく関われない自分、いいママになれない自分に直面するたび、自分のことがイヤでたまらなくなり、自分にダメ出しをしていました。

気がつくと、頭の中は自分を否定する言葉と感情で溢れていました。

「私はダメ人間だ」

「私なんかママにならなければよかった」

こんなのは、まだましなほうで、ここには書けないような言葉を自分にかけては落ち込んでばかりいました。要するに、**自分の自己肯定感を奪うことに拍車を**

かけていたのは、ほかの誰でもない、私自身だったのです。

こんな精神状態で、子どもに優しく接するなんてムリだし、笑顔でいれっこないことは、誰より自分自身が知っていました。しかし、そう思えば思うほど、もっと自己肯定感は失われていくのです。

そうです。**子育てをよくしたいと思うのであれば、まずいちばんに、ママ自身の自己肯定感を高めることが必要なのです。そのための第一歩が自分を否定するのではなく、ありのままの自分を認め、受け入れる作業です。**

そのために何をすればいいかというと、「自分のこころの声を聞く」ことです。

そもそも人の脳は、1日1・2万〜6万回の思考を行っているそうです（アメリカ国立科学財団調べ）。でもそのほとんどは自動思考といって、自分では気づいていません。

自動思考の多くは、自身の経験や環境の中で身につけてきたもので、偏った考え方も織り込まれています。別の言い方をすれば、その人のこころの癖でもあります。それが影響して、知らずしらずのうちにネガティブな思考に偏り、こころの中で自分を否定するような言葉を何度も自分自身に浴びせていたりします。

そこで次に取り組む感情マネジメントは、普段自分では気づいていないネガティブな思考から生まれる感情や考え方を見つけ、それも自分なんだと共感しながら受け入れる作業です。そのために、マイノートに、自分にはこんなネガティブな思考や感情があるなと思うことをそのまま書き出してみてください。

たとえば、こんな感じです。

「私は、うまくいかないとすぐ相手のせいにしてしまう」

「私の気持ちは誰もわかってくれない」

「こんなふうに考えるから悲しくなったんだな」

「このことがイヤだからイライラして子どもに当たっていたんだな」

「でも本当は怒りたかったのではなく、こんな気持ちを伝えたかったんだな」

こんなふうに書き出していきます。**それは、自分のこころの声を聞くこと**でもあります。

このとき大事なのは、**そのどれも大切な自分であると否定せず、自己共感しながら、ありのまま受け入れてあげることです。あなたが、あなた自身のいちばん**

の味方になる。その作業を通して、あなたを支える自己肯定感の土台が徐々に築かれていきます。

それができた分、いろんな悩みが生じても、解決するのが格段に早くなります。逆にいいますと、悩み解決のノウハウをいくら知っても、自己肯定感が低いままでは、実践するところまでいかなかったり、たとえ実践してみても、ほとんど変化を感じられなかったりします。

くり返しますが、大事なのは自己肯定感を育むことです。少し上がるだけでも、自分の変化に気づけるようになるでしょう。

自己肯定感を高める感情マネジメント1-2
「こころの声を書き出してみましょう」

自分のこころの声を、マイノートに書いていきます。形式は自由です。思い浮かぶままに日記感覚で書き出してください。

一日が終わり、子どもが寝たあと、少しだけ時間を取って、今日一日を振り返り、イヤだと感じたこと、腹が立ったこと、不安に感じたこと、つらかったこと、悲しかったことなどについて、その出来事と、そのときの自分の考えや、どう感じたかを思い出して具体的に書いてみましょう。もちろん嬉しかったことや楽しかったことを書いても構いません。

これは、エクスプレッシブ・ライティングともいわれ、1980年代に生まれた心理療法のひとつでもあります。アメリカのジェームズ・ペネベーカー博士によって生み出されたもので、日本語では「筆記開示」とも呼ばれています。

その方法は、今自分が思っていること、感じていることを、ただそのまま紙に書けばいいだけ。

「今日は思ったより仕事がはかどったな、疲れたけどひとまず安心」

「今日は久し振りにA子と会えた。話を聞いてもらえて本当に救われた気分。ありがたいな～」

というように、1日を振り返るだけでもいいですし、

「夫の仕事が忙しくて帰宅が遅すぎる！　ワンオペなんて想定外、こんなはずじゃなかった！」

「今日も食事中、強く叱ってしまった。本当は怒りたくないのに。でも、ぐちゃっとされると、どうしてもイヤな気持ちになっちゃう」

などと愚痴でも恨み言でも暴言でも、何を書いてもＯＫ。

大事なのは、自分の気持ちをごまかさず、包み隠さず書き出すことです。頭の中に浮かんでくる喋り言葉を、そのままどんどんマイノートに転記するようなイメージです。

愚痴や悪口なんて書いていいの？　かえって幸せから遠のくのでは？　と思われる方もいるかもしれませんね。でも、大丈夫。先述しましたように、まずは、**あなた自身が自分の気持ちをよく理解し、その自分を否定せず受け止めることです。**そのことが、幸せな人として生きていく最初のステップになります。むしろネガティブなことを書くことが大切だともいえます！

ペネベーカー博士は、そうして感情を外に書き出すことで、ストレスホルモンであるコルチゾールの分泌が抑えられると述べています。感情や思考の言語化が心身に平穏を与えてくれるというのです。

ペネベーカー博士の言葉を借りると、

「数々の研究により、エクスプレッシブ・ライティングを行った被験者は幸福感が高まり、ネガティブな感情が減った。さらには、数週間から数カ月でうつや不安が改善し、ストレスが穏やかになる傾向も見られた」

というのです。

じつは私自身、小さいころから、これが心理療法のひとつであるとは知らずに、ひたすらマイノートに自分の思いを書き出していました。書くことで、気持ちが落ち着き、客観的に事態や自分を受け止めることができました。

そして、ノートを書き終えるころには自分が本当はどうありたいのか、どうしたいのかがわかり、こころが落ち着き救われました。**あなたがあなたの味方になるためにも、まずはこころの声を書き出すことから始めましょう！**

ここからは、こころの声の書き出し方を、順を追って紹介します。

マイノートに書くこと（自由記述法）

その日の出来事、それにまつわる思考や感情を包み隠さず、すべて書き出しします。

たとえば

・今日、何があったのか

・その出来事の何が良かったのか、何がイヤだったのか

・誰かに言われてイヤだったこと、悲しかったこと

・怒りや悲しみの度合い

・誰かに言われて良かったこと、嬉しかったこと

・そのとき考えたこと

・そのとき感じたこと

・本当は言いたいけど、言えなかったこと

・本当は言いたいけど、言ってはいけないようなこと

・本当はこうしたいけど、できなかったこと

・本当はこうしたいけど、してはいけないと思うこと

こんなふうに、思いつくままに書き出してみてください。

こんなこと書いてもいいのかな？　といった制限はかけないでくださいね！　と

くに、ネガティブな感情こそ、遠慮せずに書き出しましょう。誰にも言えないようなことも、マイノートには書いてOKです。

最後に、マイノートを書いた日の日時も記録しておくといいですよ。

マイノートに書いていますと、体調の変化や季節の変わり目、いろんな出来事に伴って何かが起きていること、自分の思考や行動パターンなどに気がつくこともあります。

※パソコンやスマホでも構いませんが、できるだけマイノートに手書きをするのがオススメです。

マイノートを書く時間・タイミング

1回につき20分くらい継続して書くと効果が大きいといわれていますが、忙しいママは、10分程度でもいいですよ。仕事を終えたあとや、寝る前などに1日を振り返りながら書くほうが続けやすいでしょう。できるだけ習慣にして継続するほど効果が生まれます。

私の場合は、毎日でなくても、感情が大きく動く日には必ず書くようにしていました。46頁にあるのは、ある日のノートの書き込みです。

振り返る

書き終えたら、一度読み返してみましょう。その際は、けっして自分の思いを否定せず、「私はこんな気持ちだったんだな」「私にはこんなことが起きていたんだな」と受け入れてください。

その後は、閉じて終わりにしてもいいですし、何か次の行動が決まったのであれば、ぜひ実践してみてくださいね。

もちろん読み返すだけでもOKですが、もう一歩自分のことを理解したいという方は、ぜひひととおり書き終わったら、48頁にあるように、最後に3つの項目にまとめてみることをオススメします。

・私の大切にしたいこと
・本当はどうだったらいいか
・そのためのスモールステップ

4月24日　くもり　22：25

最近、夫の仕事が忙しくて帰宅が遅すぎる！
二人目育児、それでなくてもいっぱいいっぱいなのに、辛すぎる(TT)
ワンオペなんて想定外、こんなはずじゃなかった！話しが違う！
つい「あなたは仕事があっていいよね」って嫌味を言ってしまったら、
彼が不機嫌に…でもさ、それくらい言ってもいいじゃん！？
なんで私が我慢しなきゃいけないの？
私の状況をわかってるなら、それくらいでイラッとしないでほしい！
むしろ「ごめんね」って言ってほしかった。
いや、別に謝ってほしいわけじゃないか？仕事は仕方ないことだから。
じゃあ、なんだ？
んー、私はただわかってほしいの。大変だねって。いつも頑張ってるって。
ありがとうって言ってほしかったんだ。
それなのにどうしてわかってくれないんだろう？
どうして、そのひと言が言えないの？
そういえば最近、落ち着いて話しもできない。
彼もいっぱいいっぱいなのかな？仕事のこととか話さなくなったし。
私も聞く余裕もなかったし、正直興味もなかったけど…。
それって相手にしても同じなのかも。
どうしよう…とりあえず今のままはイヤだ。ちゃんと話したい。
週末、一緒に散歩しながらでも、話してみようかな。

書き出す項目の見本

❶出来事を書き出す
（良いことでもイヤなことでも起きた事実を書きましょう）
❷出来事に直面したとき湧き上がった気持ちを書き出す
（どんな気持ちもOK）
❸その気持ちの背後にあった感情を書き出す
❹振り返ってみた今の気持ちや気づきを書き出す
（親友に語りかけるように）
❺そんな自分に共感の言葉をかける
❻本当はどうしたい？　何だったらできそう？　と自分に問いかけ、浮かんだことをそのまま書き出す

ポイント

こんなふうに、こころの中をありのまま書き綴ることで、普段自分では気づいていない頭の中の考えや感情、気持ちを知ることができます。

そうして、こころの声をマイノートに書き続けていると、こんないいことがいっぱい起きてきますよ。

・自分自身を知ることができる
・頭が整理できる
・本当はどうしたいか望む未来が見えてくる
・自分が自分の味方になれる
・次への一歩を踏み出せる

もしも最初から自由に書き出すことが難

4月24日　くもり　22：25

❶出来事

最近、夫の仕事が忙しくて帰宅が遅い。

つい「あなたは仕事があっていいよね」って嫌味を言ってしまったら、彼が不機嫌になり、険悪なムードになって夫は寝室に入ってしまった。

❷気持ち

二人目育児、それでなくてもいっぱいいっぱいなのに、辛すぎる(TT)
ワンオペなんて想定外、こんなはずじゃなかった！話が違う！なんで私が我慢しなきゃいけないの？ 私の状況をわかってるなら、それくらいでイラッとしないでほしい！むしろ心配したり「ごめんね」って言ってほしかった。

❸感情

逆ギレされて悔しい。むかつく。夫にわかってもらえず悲しい。傷ついた。一人で子育て頑張らなきゃいけないようで孤独感。寂しい。本当は一緒に子育てしたい。

❹気持ちの変化、気づき

最初は腹が立ってむかつく！って気持ちでいっぱいだったけど…本当は私、すごく寂しかったんだなと気づいた。夫に大切にしてもらいたいんだな、わかってほしいんだな。本当はもっと、二人の時間も欲しい、ゆっくり話す時間が欲しかったんだって思った。別に喧嘩したいわけじゃない。怒らせたいわけじゃない。仲直りしたい。

❺自分への共感の言葉

いいママだよ。一人で頑張りすぎて、辛かったんだよね、わかってほしかったんだよね、わかるよ。いつも本当によく頑張ってるね。あなたのおかげで子どもたちは元気ですくすく育ってる。だから夫も仕事に集中できてる。そんな自分を褒めてあげてね！

❻本当はどうだったらいい？何だったらできそう？

本当はお互いのことをもっとわかり合って、仲良くしたい。笑顔で過ごしたい。

1日の終わりにどうだったか話せるような関係。

お互いを大切に思えて、支え合っていることを実感しながら暮らしたい。そのためにまずは、自分の気持ちをぶつけるだけじゃなくて、相手の話も聞こう。疲れて帰ってきた夫に穏やかに接してみよう。

今日のまとめ

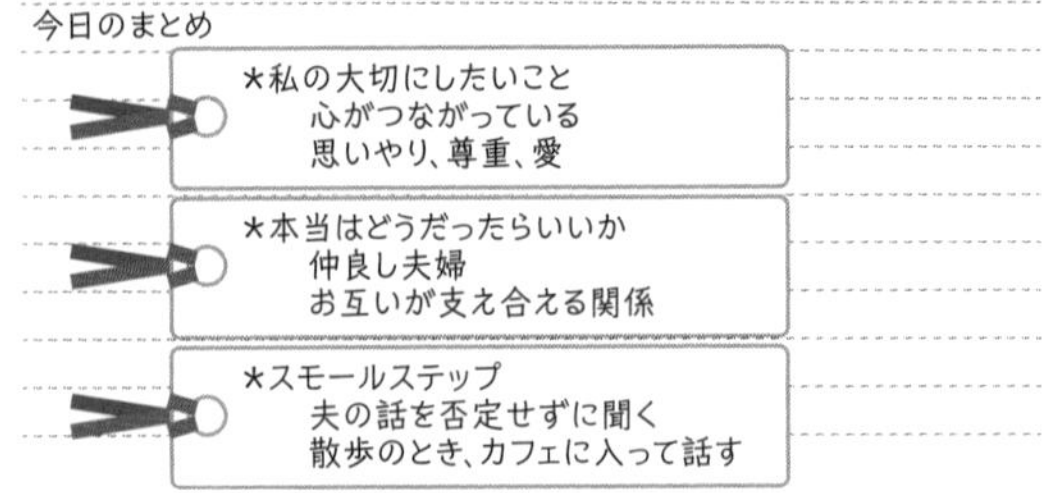

★私の大切にしたいこと
心がつながっている
思いやり、尊重、愛
★本当はどうだったらいいか
仲良し夫婦
お互いが支え合える関係
★スモールステップ
夫の話を否定せずに聞く
散歩のとき、カフェに入って話す

しいと感じた場合は、前頁の６つの項目に沿って書き出してみてください。それでも、同様の効果が得られますので試してみてくださいね。

48頁にあるのは46頁にある私のノートの書き込みを６つの項目に沿って書き直したものです。先述したように、振り返りとして３つの項目にまとめることもやってみてください。

ネガティブ感情との付き合い方

生きていれば毎日いろいろなことがあります。楽しい日もあれば、つらい日もあります。それに合わせて、感情の浮き沈みもあると思います。

もともと楽観的な性格だと、毎日がラクですし、穏やかでいられそうです。そう頭ではわかっていても、悲しい、つらい、焦る、不安……、こういったネガティブな感情や思考がこみ上げることってありますよね。もし、それが年中こころの中に居座っていたら、たいへんなストレスになります。

マイノートには、どんなネガティブな感情も書いていいですよ、とお伝えしましたが、ここで、そうしたネガティブな感情をどうしても感じやすい方のために、その感情との上手な付き合い方をお伝えします。

まず大前提として知っておいてほしいことがあります。それは「感情に、いいも悪いもない」ということ、感情は感じるままでいいということ、どんな感情もただそこにあるだけということ。

ですから、ネガティブな感情を感じることが「ダメ」と、けっしてジャッジしないでください。だって、感情はただ湧き出て感じてしまうものだからです。「悲しいな」「不安だな」と感じている人に、「悲しまないで」「不安に感じないで」と言っても、湧いてくる感情そのものはコントロールできないですよね。

まずは、その感情をそのまま感じ、あなたの中に居場所を与えてあげてください。

無理に前向きな考えを持とうとするのではなく、どんな感情も受け止めてあげる。それがあなたの自己肯定感を育てる、最初の一歩です。

感情ではなく思考をコントロールする

どんな感情も受け止めてあげることから始めてくださいとお話ししましたが、じつは感情をコントロールすること自体、とても難しいことです。そこでオススメしたいのは、**思考をコントロールすることから始めることです。**「楽しかった家族旅行のことを思い出して」と言われてそのことを思考していると、楽しかった感情が蘇ってきたりします。逆に、「今悲しんで泣いてみて」と言われても、簡単に涙は出てこないけれど、悲しかった出来事を思い出そうと思考していると、何年も前のことでも涙が出たりすることがあります。

こんなふうに、思考する内容に誘発されて感情は動きます。ですから、思考の仕方を変えること、選択することで感情をコントロールできる可能性が広がります。普段からネガティブな感情を抱えがちな方は、感情そのものをコントロールしようとするより、思考をコントロールすることをやってみてください。

たとえば、悲しみや不安を感じたとき「どうしよう」という思考（言葉）は、その感情を増幅させます。「どうしよう」と思考するほど、ネガティブな感情に溺れてしまい、最初に感じた状態よりも、さらに深く、つらいものに感じてしまいます。パニックもそうです。「どうしよう」と思考するほど、パニックな状態は増幅してしまうのです。

たとえば日常的に落ち込みがちな方は、常に「どうしよう」と考える傾向にあります。自分で悲しみや不安などマイナスの感情を増幅させてしまいやすいのです。

でもそこで、苦しい感情に溺れたままでいようとせず、悲しみに紐づいている思考を止めるのがいちばん手っ取り早く、効果も出やすいです。ですから、**ネガティブな感情に気がついたら、その感情が自分のこころの中にあることをいったん認めて（自分の中に居場所を与えて）、そのあとはそのことを考えるのをストップします。**

実際には、今いる場を離れて違うことをすると、マイナスの感情を増幅する思考を離れやすくなります。たとえば、ベランダに出て外の空気を吸ったり、空を見上げたり、食器洗いをしたり、好きな音楽を聴いたり、雑誌を読んだり……。こんなふうに場所を変えたり、物理的に別の動作をしたりするのがいちばん簡単です。

私は、最近ではお風呂に入ると、ものすごく短時間で思考が整理され、感情をコントロールしやすい状態になります。お風呂から出るころには、気持ちが切り替わっています。

もちろん、人によって思考を切り替えやすいことはさまざまですから、自分に合った切り替え方を工夫してみてください。続けていると、思考をコントロールするコツがつかめてきて、感情をコントロールしやすくなっていきますよ。

悩まない体質になる「ゆる」習慣化の法則

気づいたら、ため息をついている。気がつくと「〜〜だったら、どうしよう」「〜〜はイヤだ」「つらい……」といったネガティブワードが頭の中を支配していることってありませんか。

そんなときのために、たった30秒の習慣でマイナス思考から抜け出す、嘘みたいに簡単な方法をお伝えします。

それは本当に簡単です。**頭の中にネガティブな感情や思考が次から次へと湧き上がっていることに気がついた、その瞬間、次の言葉をこころの中で、もしくは小さな声に出して、つぶやいてみてください。**

「ありがとうございます」

え？　ほんと？　本当にそれだけ？　と思いましたか。本当にそれだけです。

「ありがとうございます」の言葉をくり返しつぶやくだけです。

私がこころのことを学び始めて間もないころは、まだまだネガティブ体質でした。職場から家に帰り家事をやっていても、気がつくと仕事やイヤな上司のことを考えてしまい、ため息をついたり、憂鬱な気分になったりしていました。

子育てがうまくいかなくてイライラしたり、そんな自分に悲しくなったりと、落ち込んでいることもしょっちゅうありました。

そんな自分をどうにかしたくて試した方法です。ネガティブな思考に気がついたその瞬間、「ありがとうございます、ありがとうございます」と10回、20回と唱え続けるのです。コツとしては、ネガティブな考えが頭から出ていくくらい「ありがとうございます」の言葉を何度も唱えて、頭の中を埋め尽くします。

はじめは、それがどんな効果をもたらすか、私自身、半信半疑でした。けれども10回、場合によってはもっとですが、「ありがとうございます」を言い続けていると、先ほどまでのネガティブな思考は、どんどん小さくなっていきました。

あとは、もうそのことを考えるのをやめにして、今日は子どもと話をしようかな？　今日は何のテレビを見ようかな？　といった、悩みとはかけ離れたことを考えたりしました。

さらに、朝目覚めたときや夜寝る前にも「ありがとうございます」を唱えてみました。それを1週間、10日と続けていると、驚いたことに、ネガティブなことがほとんど思い浮かばなくなり、毎日がこころ穏やかになっていったのです。安定したというか、楽観的になっていました。

自分の頭の中でくり返されているネガティブな思考や言葉が「ありがとうございます」の言葉に置き換えられていき、こころが穏やかで安定していきます。こんなにも変わるものなのかと、本当に驚きました。

そんなムシのいい話に騙されないなどと思わず、騙されても失うものは何もないと思って、まずはやってみてほしいです。

大切なのは、なんとなくやるのではなく、ネガティブな思考を止めると意識して行うことです。

筋トレをただ見様見真似で、なんとなくダラダラやっていても筋肉を効果的に鍛えることはできません。この運動はどの筋肉を鍛えるのに効果があるのかを意識して動かすことで、きちんと筋肉がついてくるのです。それと同じで、「ありがとうございます」を唱えるときも、ネガティブな思考を止めるとはっきり意識して行ってみてください。

これが習慣化されていくと、本当にこころが安定していきますよ。

ママだって甘えてもいい、できなくてもいい

あなたは子育ても、家のことも「ちゃんとしなきゃ」と思っていませんか？

ママはいつも頑張っていますよね。その責任感のせいで、弱音がはけなくなっていませんか？

でもママだって普通の人間です。そのうえ、ママ歴だって子どもの年齢とイコール。子どもを産んで初めてママになっているのだから、最初からできるわけないし、なんでもうまくいくわけがありません。わからないことだらけだし、失敗だってたくさんします。

だから「母親ならできて当然」「母親だからこうあるべき」といった、それが当たり前だと信じこんでいる前提を、一度、手放してみませんか?

ママだって甘えてもいい。できないことは「できないよ」って誰かに助けを求めていい。悲しかったら「悲しいよ」って泣いていい。失敗してもいい。へこたれてもいい。

まずはあなた自身が、あなたの弱音も、受け止めてあげてくださいね。

あなたの自己肯定感を左右するセルフイメージ

私自身の自己肯定感を下げている原因の一つに「セルフイメージ」がありました。セルフイメージとは、自分が自分自身に持っているイメージ(自己像)です。

簡潔にいえば「自分のことをどんな人間だと思っているか」ということです。何が得意で何が苦手か、自分は周囲からどう見られていそうか、あるいは「私は落ち込みやすい」とか「私は真面目」といったことです。

こうしたセルフイメージにはポジティブなものもあれば、ネガティブなものもあります。ポジティブなイメージならば、

・私は明るい性格だ
・私は努力家だ
・私はついている
・私は〇〇が得意だ
・私はいいママだ
・私は愛されている

といった、こころが明るくなるようなものです。

一方、ネガティブならば、

・私は心配性だ
・私は三日坊主だ

・私はついてない
・私は〇〇が苦手だ
・私はママに向いていない
・私は孤独だ

といった、自分でもイヤだなーと思うようなものです。

どちらかというとネガティブなセルフイメージが強い場合は、自分に自信を持てず、自分のことが好きになれていないかもしれません。

ネガティブなセルフイメージは、あなたがこれまでの人生の体験・経験を通して得たものなので、あなたにとっては真実味があるかもしれませんが、本当は、あなたがそう思い込んでいるだけなのです。

たとえば、私のママクライアントであるBさんは、「内向的で、人前で話すことが得意ではない」というセルフイメージを持っていました。そのせいで、ママ友グループの中でも自分は浮いているのでは？　と気にしていました。しかしそんななか、子どもの学校の卒業対策委員にならなくてはいけなくなりました。Bさんはそのことが憂鬱で、私に相談をされました。

Bさんは、「内向的で人前で話すことが得意ではない」というセルフイメージゆえに、「私には役員なんてできっこない」と考えていました。けれども本当にそうでしょうか?

Bさんが役員に向いていない、できっこないと思っているのが本当かどうかはわかりません。でも、やってみたら、じつは得意な分野だった、人から頼りにされた、なんてこともあり得るのです。

それなのに、自分のネガティブなセルフイメージが真実だと思いこんでいるために、最初から自分の行動や可能性に制限がかかっているのです。Bさんのような場合、私はセルフイメージを見直すワークをご提案します。

セルフイメージは自分の性格の傾向や実体験で作られていきます。つまり、**自分から選んで貼っている自分へのレッテルなのです。**

ですから、このことに気づきさえすれば、自分で意図的にそれを書き換えたり、手放したりすることもできるのです。そのための感情マネジメントをやってみましょう。

自己肯定感を高める感情マネジメント1-3

「セルフイメージを書き換えてみましょう」

［ステップ❶］まずはセルフイメージを思いつくだけマイノートに書き出してみましょう。ポジティブなものも、ネガティブなものも、両方書き出します。ネガティブなものが多くなるかもしれませんが、ポジティブなものを少なくとも3〜5個は書き出してください（63頁の書き込みも参考にしてください）。

［ステップ❷］緩めたり、書き換えたりすることができたらいいのになと思うネガティブなセルフイメージをピックアップします。

［ステップ❸］選んだネガティブなセルフイメージについて、なぜそう思うのか？　いつからそう思うようになったのか？　思い浮かんだことをそのまま書き出します。

［ステップ❹］それらは100%事実なのかを考えてみます。そうとばかりはいえないと思うものがあったら、その理由を考えて書き出します。

［ステップ❺］ここまでの作業を終えた時点で、あらためてバランスのとれた、よ

り事実に近いセルフイメージを書き出してみます。

【ステップ⑥】ステップ⑤のセルフイメージを意識しながら生活します。

以上の作業を、表にある例も参考にしながらマイノートに書き出してみてください。こうして一つひとつセルフイメージを紐解いていくと、今まで凝り固まっていた自分のセルフイメージが、必ずしもそうでないと気づき、新しいセルフイメージが増えていきますよ。

ただし、この作業はネガティブなセルフイメージを浮き上がらせることでもあるので、見たくない自分を見なければいけないこともあり、抵抗感がある場合もあります。しかし、実際にやってみると、見たくないと思っていた自分の中にも、じつはとってもすばらしい可能性が秘められていることが見えてきて嬉しくなったという感想もよく聞きます。

たとえば、私のママコーチスクールの生徒であるKさんとYさんはセルフイメージがこんなふうに書き換えられました。

【Kさん】

書き換え前：私は言いたいことが言えない

セルフイメージ	書き方例
・私は真面目だ ・私は努力家だ ・私は人前で話すのが苦手だ ・私はすぐ怒る ・私は不器用だ ・私は片付けできない ・私は心配性だ ・私はマイペースだ ・私は人の話を聞くのが得意だ ・私は家族を大切にしている ・私は気がきくほうだ （書き換えたいセルフイメージをセレクト）	**どうしてそう思う？ いつから？** 小さいころから人見知りで、自分のことを話すのが苦手だった。目立ちたくない。 社会人になっても、仕事のプレゼンなどするときは緊張で言いたいことを忘れてしまう。 **それは 100% 事実？ 例外は？** ・親友の披露宴でスピーチをした。後から「一番堂々としていて、感動したよ」と言ってもらえた。 ・先生のお誕生日会の司会を任された。緊張したけど、みんなのため、先生のためと思い頑張ってやりきった。後からみんながよかったよ、ありがとう！と感謝してくれた。 **事実や例外から気づいたことは？** 私は自分のためだと恥ずかしくて話すのが苦手だけど、人のためになること、喜んでもらえるためだったら、努力もできるし、人前でも堂々と振る舞えたり、喋れたりした。 **セルフイメージの書き換え** 私は誰かの力になれることであれば、堂々と喋ることができる！

書き換え後：言ってみよう！　自分も相手も好きになる

【Yさん】

書き換え前：私は一つのことが長続きしない

書き換え後：私はたくさんの好きなことに囲まれている。長続きしなくても、自分の大事な人生の根っこは変わらずある

こんなふうにセルフイメージが書き換わっていくにつれて、自分のことがとっても愛おしく思えるようになってきますよ。

ママの自己肯定感を育てる魔法の言葉

私が自分のダメなところばかり目について落ち込みそうになったとき、気持ちを切り替えるためにやっていることがあります。それは、**「とは言え、できていることは？」と、自分に問いかけて切り返していくことです。**

たとえば、また怒っちゃった、また家事が終わらなかった、ダメな私……、そんなふうに思っている自分に気がついたときは、すかさず**「とは言え、できていることは？」**と自分に問いかけ、できていたことを付け加えます。たとえば、こんな感じです。

・怒っちゃった↓とは言え、この子の受験勉強に、こころを尽くしてサポートしている
・家事が終わらなかった↓とは言え、一生懸命努力して食事を準備している
・いつも忙しくバタバタしてしまう↓とは言え、自由時間も作ってあげた
・何もしてあげられない↓とは言え、小さな願いはできるだけ叶えてあげようと

している

・どれも中途半端なまま➡とは言え、自分の仕事を一つ完了できた

こんな感じです。**できていない自分はもちろんいるけど、本当はできていることだってある！　と切り返していくのです。**それは当たり前にやっているようなことだから、プラスに感じていなかったかもしれませんが、その当たり前にできていることに光を当ててあげると、すばらしいことなんだと再認識できます。その瞬間、自己嫌悪でトゲトゲした気持ちが、スッと緩まる感じがします。そして、「私なりに頑張っているな」と思えて、自分を受け入れてあげられる気持ちが生まれるのです。

この「とは言え」が魔法の言葉です。

人はできないことばかりに目が行きがちです。できていることがあるのに、それは当たり前と思い込んで、プラスにカウントしません。

私は、子育てや生きることをラクにするお手伝いとしての個別相談も行っていますが、そうしたとき、「とは言え、あなたができることもあるはずですから、それを挙げてみましょう」と促します。

すると、自己肯定感の低い方ほど「とくに思い浮かびません」と言われます。でも私の目には、家事も、育児も、できていることがたくさんあるように見えます。それなのに、ご本人は、自分がそれらをやるのは当たり前だと思っています。当たり前のことを、「できているね」なんてとらえるのは自惚れていて恥ずかしいと感じているようなのです。

やって当然、頑張って当然、それをしない自分は価値がない。そんなふうに認識しているので、できていないことしか見えず、ますます自己肯定感を低くしてしまいます。そんな方はとてもつらそうです。

けれども、当たり前にやれている、ささやかな行為でも、「とは言え」を使って、「これもやれたね」「あれは頑張ったね」と切り返して認めてあげる練習をしていると、自分は自分でいい、今の自分でも十分なんだと自分自身を認めてあげられるようになり、ママの自己肯定感は高くなっていきます。

それだけではありません。**ママのこころがラクになることで、お子さんの良いところにも目がいくようになり、プラスの言葉がけをできるようになってきます。**

じつは「とは言え」は、できていることだけに使うわけではありません。予想とは違う状況になったことに対しても使うことができます。たとえば、こんなふうです。

・今日は雨でガッカリ➡とは言え、子どもと普段できない遊びをゆっくりできた！

・今日は疲れてお料理もできなかった➡とは言え、美味しいデリバリー食べられて嬉しい！

・ドタキャンされて予定が狂った➡とは言え、自分の自由時間ができてラッキー！

どうですか。「とは言え」のあとに続けて、良かったこと、得られたことを見つけてみてください。とても簡単なのですよ。

最近、子どもにガミガミ言ってばかりで自己嫌悪してしまうな。

最近、私も子どもも笑えてないな。

もし、そんなことに気がついてマイナスの言葉が出たときには、「とは言え」を唱えて、思いつくことを言葉にして切り返してみてください。慣れるまでは、マイノートに書き出すのも良いでしょう。

「とは言え」を使って、ママが自分にOKを出せるようになったら、次は、お子さんのことでも「とは言え」を使ってみてください。きっと、お子さんのいいところが見つかるようになると思います。

自己肯定感を高める感情マネジメント1-4

「自分を褒める言葉を書いてみましょう」

自己肯定感を高めていくためには、普段から自分のできていることを見つけて、その自分を思いっきり褒めてみましょう。

褒める言葉を口に出したり、こころで思ったりしてもいいのですが、もっと効果的なのがマイノートに書くことです。書き方はとっても簡単ですから、ぜひやってみてください。

これまで自分を褒めるなんて、やったことがないから、うまく書けそうにないと思われる方もいるかもしれませんが、以下の点を参考にして、ぜひチャレンジしてください。次頁の書き込みも参考にしてください。

自分褒めレッスン　書き方例

今日の自分褒め	others
月　日(　　) ・今日は朝、気持ちよくおはようが言えた。私、いい感じだぞ！ ・職場できびきびと動けた。がんばってるね！ ・疲れているのに、夕飯を自炊できた！食器もピカピカ。すごいぞ私！ ・子どもに絵本を読んであげられた。いいママだよ！ ・子どもをきつく叱っちゃったけど、ごめんねが言えた！えらい！	・朝、ご飯をいっぱい食べれた長男、ナイス！ ・職場のＡさん、いつも一生懸命で素敵！ ・いつもの店員さんの笑顔が最高、見習おう！ ・うちの子、絵本を読むの上手だな！ ・子どもの寝顔が可愛い！天使♪
月　日(　　) ・最近笑顔が増えてきた私、とってもいいよ。 ・綺麗な桜を見て感動した私、そんな自分が好きだな！ ・いつものエスカレーターを階段でのぼった、ナイスファイト！ ・子どものできてるところを見つけて声をかけられた、すごいぞ私！ ・忙しいけど母に電話をかけた、その心遣いが素敵だね。 ・１日ぐったりしたので、夜はゆっくり。自分を休ませてあげてえらいぞ	・最近次男が自分で起きられるようになってる！ナイス成長！ ・いつも夫の思いやりが素敵。私も返そう。 ・長男の癇癪が減ってる。頑張ってるね。 ・母が習いごと始めたって、尊敬！

・どんなにささいなことでもＯＫですから、褒めてみましょう。

・こんなことと思わず、当たり前にできていることにも目を向けて褒めましょう。

・自分はこのへんが成長したかな、と思えることがあったら、どんなに小さなことでもいいので褒めましょう。

・褒める内容を書いたあとには、「すごいぞ、私」とか「いいママだよ」といったふうに、必ず勇気づけの言葉をつけましょう。

・毎日、自分を褒めてあげたいことを３つ以上書いてみましょう。

こうして自分を褒める言葉をマイノートに書き続けることで**自分自身を認めることが習慣化すると、自分が自分の味方になるという感覚が身についていきます。**

初めは、自分を褒めることが見つからない、という方もいると思います。以前の私もそうでした。自分を褒めるなんてしたことがなかったのです。むしろその逆で、できていないことや、欠けていることばかりに目がいき、そんな自分を否定し、嫌っていました。まるで自分が自分をいじめているようでした。

でも、あるときから「自分が自分の最大の味方である」ことを自分の信念にしようと決めました。すると、当たり前のことをやっている自分をいっぱい褒めてあげたくなったのです。

たとえば、3食ご飯を作っている自分は当たり前と思っていましたが、当たり前のことを続けている自分はすごいねと、褒めてあげたくなりました。

自分が自分の味方であるには、

・自分の気持ちをありのまま受け入れる（自己共感）
・自分を大切にする（気持ちも身体も）

・常に「自分は、本当はこうしたい」という望みに従う

という3つの軸をこころの中に固めて生きることです。

自分が自分の最大の味方でいることができると、人の評価に振り回されなくなります。自分の考えをしっかり持つことができ、人の目を気にして言動が揺れることもありません。

外に正解を求めるよりも、自分の中に答えがあると信じられるようになります。

たとえば、何かつらいことがあったり、挫折したり、うまくできない自分に落ち込むことがあったりしても、「そういうときもあるけれど、あなたは大丈夫！」と、自分を信じることができるようになります。

自分で自分の悲しみや苦しさに寄り添うことができるし、自分で自分のこころに火を灯すことができるようになります。また、そのことを知っているので、予期せぬ出来事に遭遇してもあまり振り回されず、落ちついて向き合うことができるようになります。

「自分が自分の最大の味方である」という信念を持つと、こんな素敵な自分に変わりますよ。

ママSTORY

いつも自分にダメだししていたママが一生ものの自己肯定感を手に入れた

ママコーチスクール3期生　H・Tさん（当時7歳、2歳のママ）

コーチングに出合う前の私は、自分に自信が持てなくて、自分を隠すことに必死でした。自己肯定感が低く、何をやっても満足できない。人の顔色を伺い自分を犠牲にしてでも人の期待に応えようと必死で、自分にまったく目が向けられませんでした。

人に嫌われるのが怖くて、表面的な付き合いしかできませんでした。また、人と比べて周りの人を羨ましがり、自分は何もできていないと落ち込んでいました。

自分がイメージしている母親像があり、そのような母親になりたいのに、それとかけ離れたことばかりしている自分に落ち込む日々。完璧を求めて自分のダメ探しばかりしていました。

その原因を追求しては、自分の生い立ちに問題があるから仕方がないんだ、周りがこうだからダメなんだと決めつけ、何かのせいにしては、それ以上傷つかないように自分を守っていました。でも、そんな自分に気づくと、苦しくて、悲しくて、自分を否定し責めることしかできなかったのです。

そんななか、ママコーチングスクールに通いながら、自分の感情が動いたことには逃げずにとことん向き合うことで、それも自分なのだと受け入れることができるようになっていきました。

初めは自分の感情に支配されて向き合おうとすると苦しくなり、その一点にとらわれてしまいましたが、回を追う毎に視座の高さが変わってきて客観的に物事を見ることができるようになりました。自分が本当はどうしたいのか、自分のこころと対話しながら、自分が思い描く未来を自分で選択して生きていいんだと思えるようになったのです。

自分で決めて一つでも行動を起こすと、いろいろな気づきがあり、自己成長につながっていったと思います。それを積み重ねていくうちに、物事のとらえ方が180度変わったのです。

自分に目を向け、素敵な自分に気づくことが増えるにつれて自己肯定感が育ち、自分軸が出来ていきました。

自分らしく生きる土台が固まってくると、自分が何をしたいのかもはっきりしてきます。自分の可能性を信じてみよう、自分がいちばんの味方でいようと思えるようになったのです。

自分の価値観は人と違っていいと思えるようになり、人の動向に左右されることなく、自分の考えで行動できることが増えました。

そのように私が変化していくと、家族との関係にも変化が現れ始めました。夫はいろんなことを話してくれるようになり、事あるごとに感謝の気持ちを伝えてくれるようになりました。

よう子さんと出会ってコーチングを知り、一生物の自己肯定感を手に入れることができたことに感謝しています。これから私は、日々もっともっと素敵な自分へ更新し、輝き続けていきたいと思っています。

2章

子育てがスッとラクになる感情マネジメント

——子育てでイライラしやすいあなたへ

子育てがつらいと感じるママへ「あなたは大丈夫」

私はママになって、子育てと家のことをこなすのに毎日が必死でした。あるとき、笑顔がなくなっている自分に気がつきました。「どうしてみんなが当たり前にやっていることなのに、私にはできないの?」と思うほど、どんどん自信を失っていきました。

いちばんガッカリしたのは、相手は幼い子どもなのに、そんな相手に本気でムキになって怒ってしまう自分でした。余裕もないし、なんてこころが狭いんだろうとも思いました。

長男は幼いころ、激しい癇癪持ちでした。ちょっとでもうまくいかないことや、気に入らないことがあると、烈火の如くイヤイヤと泣き叫び、手に負えなくなるのは日常茶飯事。

私といえば、そんな目の前のわが子にイライラして、よく怒っていました。たとえば、こんなことがありました。

三輪車の練習をしようと外に出て、ひとこぎかふたこぎしただけなのに、どうしてもうまくこげないし、前にも進まない。すると、「こんなのイヤだ！」と地べたに座り込んでイヤイヤと泣き出します。「大丈夫だよ」「ゆっくりでいいよ」などとなだめても、「できない！」「もう乗らない！」と泣き叫んでひっくり返ります。

たったふたこぎで、できっこないと決めつけてしまうのはよくないと、私は諦められません。なんとか練習を続けてもらいたくて説得しようと試みるけれど、まったく聞いてもらえません。

三輪車にかぎらず、何をやってもイヤだと癇癪を起こしている息子を見ていると、いよいよ私のイライラはつのるばかり。いくら優しく話しても通じないなら、もう無理だと私のほうの気持ちが切れてしまいます。そんな私の様子に、息子はますます泣き叫びます。

文字を書く練習をしたときもそうです。ほんの少し書き始めただけなのに、「こんなの、もうイヤだ！」と癇癪を起こし、泣き出しました。そんなときも私は、悲しいやら腹が立つやらで「なんで諦めるの⁉　やりなさい！」と、やはり怒気を帯びた声でハッパをかけます。

それでも泣き続けていっこうにやろうとしない息子に、最後には「もうやらなくていい！」と、私が投げ出してしまいます。そういう私を見て一層泣く息子に、私は寄り添うこともできず、そばを離れてしまう。そんなことがたびたびでした。

こんなふうに私は、幼いわが子の成長を辛抱強く見守ることができず、思いどおりにいかないことがあるたびに愚図る息子の子育てに、お手上げ状態でした。そして、わが子に腹を立てたり、冷たくあしらったりしてしまう自分は、母親失格だとこころの中で思っていました。

子育ては私にとって、母親になる前に思い描いていた、楽しくて幸せに満ちているものとかけ離れていき、まさしく苦行になっていったのです。もしもあなたが、一度でも同じような気持ちを感じたことがあるのなら……、そんなあなたに私から言わせてください。「あなたは大丈夫」と。

私も、自分が母親に向いていないと気づいたときは正直、苦しかったです。怒ってばかりの自分に絶望もしました。でも、ママがそうやって子育てのことで自分を責めたり、苦しんだりするのは、あなたがママとしてわが子を愛している証拠以外のなにものでもないのです。あなたがこころからお子さんを愛しているからなのです。だから、うまく愛してあげられない自分を責めてしまうのです。

この本を手に取ってくださっているのも、あなたはあなたのために、そしてなによりもお子さんのために変わりたいと思っているからにちがいありません。あなたがお子さんを愛し、ご家族を大切に思っているからにちがいありません。どこかで、「自分は変われるのではないか」と気づいておられるからだと思います。だとしたら、もう、あなたは大丈夫。あなたは、これまでも精一杯子育てをしてこられた愛情深いママ。この本にあることを試してみる準備は、もうできていますよ。

怒りやイライラの正体を知ろう

以前の私がそうであったように、感情にまかせて怒り続けていては、子どもとのより良い親子関係を築けないし、第一あなた自身がまったく幸せを実感できないでしょう。ですから、ほとんどのママたちは、自分のイライラをなんとかコントロールしたいと思っています。

では、どうしたらうまくコントロールできるのか。それにはまず、**イライラの正体を知っておく必要があります。**

怒りやイライラには一定の仕組みがあるのです。あなたが普段感じている怒りは、心理学の世界では「二次感情」といわれています。その二次感情である怒りの根っこには不安とか悲しみといった「一次感情」があります。この感情を引き起こす正体が、**「～であるべき」という、自分の理想やマイルール、大事にしている価値観、もしくは「～してほしい」という期待なのです。**

たとえば先ほど、私の息子が三輪車や書き取りの練習をしないことに私がイライラしていたとお話ししましたが、このとき、私の中には「上達するためには頑張るべき、練習するべき、努力するべき」「すぐに諦めるべきではない」というマイルールが潜んでいたのです。ところが、目の前のわが子は私が大切に思うルールを守ってくれないので、そのことに焦りや悲しみが湧き出て、それが怒りに変わっていたのです。

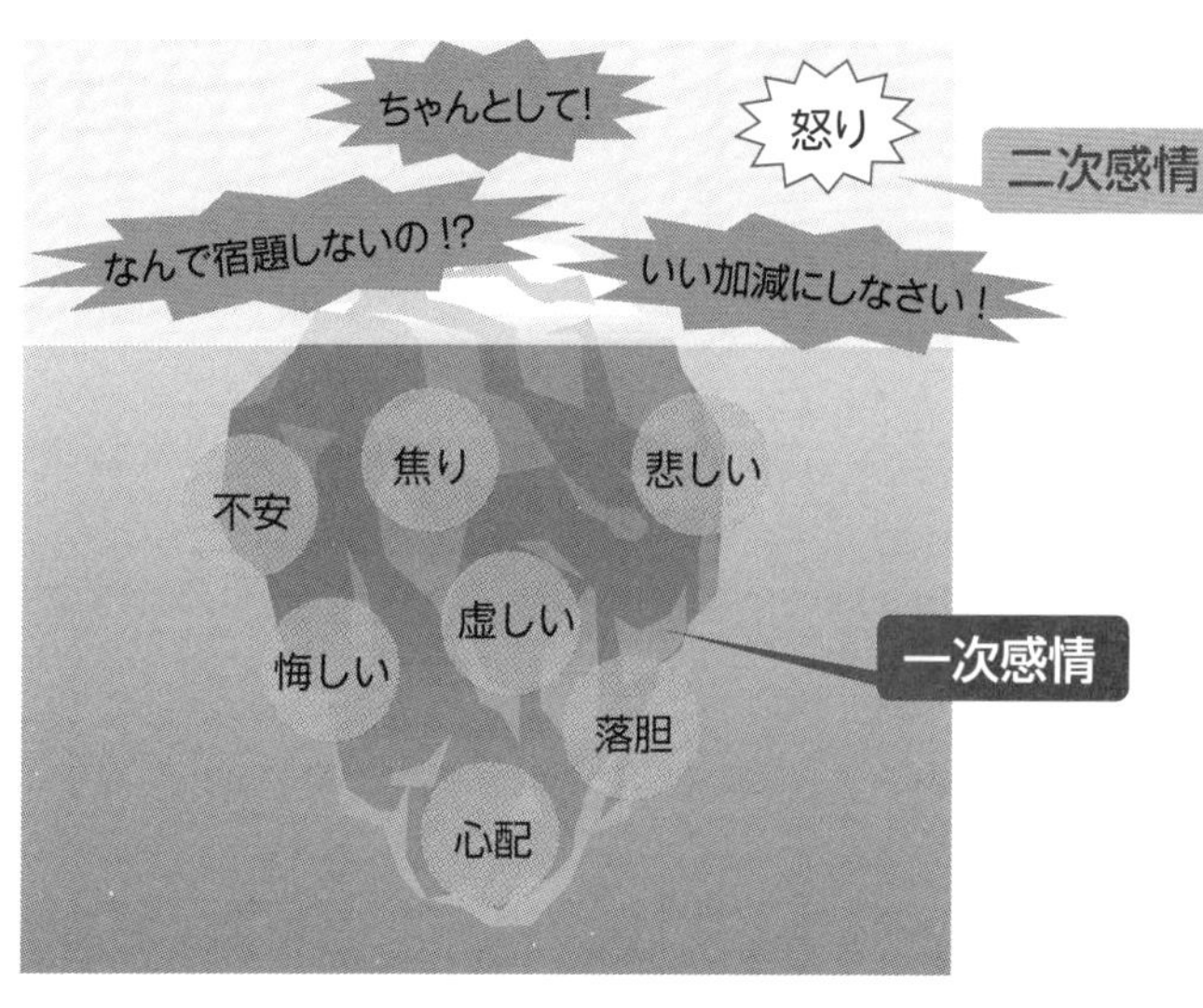

たとえばママのCさんの場合は、こんな感じでした。公園で子どもを遊ばせているとき、自分の子が滑り台の順番を守れず、何度もお友達を抜かしてしまうので怒ってしまいます。怒っても効果がないのはわかっているのに、怒ることをやめられないCさんは、どうしたら良いか悩んでいました。

「順番は守るべき」という、当たり前に思えるルールを守れないわが子に、ママは心配になります。「この子は自分勝手な子なのかな?」。さらには「こんなふうにルールを守れない子は、お友達に嫌われてしまうかもしれない。なんとかルールを守らせないと！」と、焦ってしまいます。

はじめは優しく伝えていたとしても、何度もルールを破られると、だんだん不安が大きくなり、言うことを理解してくれない悲しさがつのってきます。この「不安」や「悲しみ」が、いわゆる「一次感情」です。

そしてママの「正しさ」（正義・マイルール）が発動し、なんとか言うことを聞かせようと怒ってしまうのです。

あなたのこころの中に、マイルールや期待が多ければ多いほど、目の前の子どもや相手が、そのルールを破ったり、期待に応えてくれなかったりすることに失望感をもつようになります。そんな一次感情が怒りという二次感情に変身していくのです。

タイプ別にイライラを分析

イライラの正体には、べき・ねばのマイルールや、子どもへの期待、そして不安や悲しみ、焦りや落胆といったさまざまな要因が関わっているとお伝えしましたが、その要因は人によって異なります。

そこで、あなたの場合はどの要因が影響してイライラを発露しているのか、タイプ別に見てみましょう。

★べき・ねばママ

このタイプは基本的に、完璧主義。

自分自身がルールブックで、何事も白黒をハッキリさせたいし、正解を求めてしまいます。それゆえマイルールや期待が多く、子どもや夫がルールを守らないと、イライラして「ああしなさい！」「これしちゃダメ！」「ちゃんとして！」と怒ってしまいます。

あなたがこの「べき・ねばママ」タイプだとしたら、白か黒ではなく、中間もあって良いのだという意識を持つようにしましょう。つまり、自分の考えだけに固執せず、「私はこれが正しい！　と思っているけれど、相手には相手の正しさや信じていることもあるよね」と想像してみることです。

そうしていると、視野が広がってきて、自分以外の人の考え方にも耳を傾け、受け入れてみるという寛容さが育ってきます。価値観が違う人に対しても寛容に接しやすくなるでしょう。

★オロオロママ

このタイプは基本的に人の目が気になり、争い事が苦手な平和主義者。いつも自分や子どもが迷惑をかけていないかと、妄想や不安でおろおろしてしまいます。

ママとしても自信がなく、「あれは大丈夫かな？」「こうなったらどうしよう？」と、自分勝手に悩みを作り出してしまいます。また、場の空気を読むのが苦手だったり、自由奔放にふる舞うわが子にイライラ、モヤモヤしてしまったりすることも多いでしょう。

「仲良くしなくちゃダメでしょ」「お願いだから普通にしてて」「迷惑かけちゃダメよ」といった口癖が多いかもしれません。

あなたが、そんな「オロオロママ」タイプだとしたら、まずは自分の中にある妄想や不安の正体に目を向け、気づくことがあったら、その感情に寄り添いましょう。

もし人の目が気になるようなら、「私は、本当はこうしたい」「この子はこれを望んでいる」というふうに、自分や子どもの考えを大切にするように意識してください。そして、**「私のこの不安は本当に心配する必要があることなのかな？」と、その不安を手放すよう意識し、「きっと大丈夫！」と、楽観的で前向きな心づくりを心がけましょう。**

★冷静沈着ママ

このタイプは基本的に、常に冷静で、全体を俯瞰して見ています。自分が慎重で思慮深いので、適当だったり、自由奔放だったりする子どもや夫にはイライラしやすく、「もっとちゃんと考えて！」と、相手にも同じ考えや行動を求めたくなります。

自分ができることを相手に期待しがちですが、なかなか相手は期待に応えてくれないので、常にストレスを感じています。

「意味がわからない」ことにも腹が立ちやすく、時間や効率の無駄を嫌ったりする傾向もあります。また、「早く！」が口癖だったり、「努力すべき！」「もっと頑張って」と言ったりしがちです。

もしあなたが、そんな冷静沈着ママタイプだとしたら、物事に対して意欲的に取り組み、自分自身を成長させることに積極的になれますが、周りにいる人みんながそうとはかぎりません。

そもそも相手には相手のペースがあり、優先順位があります。自分が大切にしたい価値観と他人の価値観は違うのだということを意識しましょう。そして、**「言わなくてもわかるでしょ」と、あなたの思いを察してもらうことを望むのではなく、丁寧に言葉で伝えることを増やせるといいですね。**

★マイペースママ

このタイプは基本的に、自分のペースやルールを乱されたくないし、自分時間や空間が必要。その分、ママとしてやらなければいけないことがストレスになりがちで、「自分のことは自分でやって！」と言いたくなります。それゆえ、甘えら

れるのは苦手なことも。

もしあなたがこのマイペースママなら、自分自身の考えがしっかりあり、その主張も強いので、口うるさく自分の意見を押し付けてしまうことが多いかもしれません。

たとえば、「そんなのおかしいよ！」「こうすればいいのに！」「自分でやって！」なんて言葉が多いのではないでしょうか。

そんなあなたは、**一旦立ち止まって考えたり、他人の意見を聞いたりすることを心がけることが大切です。**

また、自分の思ったことを直球で伝えられることは長所でもありますが、いつもそれでうまくいくとはかぎりません。**一旦相手の意見を聞いたり、受け入れてみたりするほうが、選択肢が広がり、うまくいく可能性が広がりそうです。**

イライラをコントロールする「3ステップ」

イライラや怒りをコントロールできるようになる「3ステップ」を紹介します。

ステップ1 怒りの根っ子にある感情に居場所を与える

先に、「二次感情」である怒りの根っこには、不安とか悲しみといった「一次感情」があるとお話ししましたが、**今の怒りの根っこにはどんな一次感情があるのかを知りましょう。**

たとえば、なかなか宿題をしないわが子に、はじめは穏やかに声をかけていたけれど、いつまでも動かないので結局「いい加減に勉強しなさい！」と怒鳴ってしまったとします。そのとき、あなたのこころの中に起きていることを整理してみます。

宿題をいつまでもやらないわが子の姿を見ていると、どんな気持ちになりますか？　どんな言葉が浮かんで来ますか？　たとえば、こんな感じではないでしょうか。

「この子は将来、大丈夫なんだろうか？」「この子は勉強できないまま成長してしまうんじゃないか？」と思えてきて、不安になる。

それなのに、心配して声をかけているママの話を聞いてくれなくて、悔しさや悲しさを感じる。

いつになったら宿題やるの!?
いい加減にしなさい!!

不安
この子は将来、大丈夫なんだろうか
焦り
夜は見てあげられない、今やってほしい!
心配
うちの子はなんでできないんだろう
悔しい
どうして真剣に話しを聞いてくれないの!?
期待
宿題くらい自分からやってほしい
マイルール
宿題はやるべき
やるべきことをやってから自由にするべき
怖い
先生に怒られたくない
ダメな親子だと思われたくない

この不安や悔しさ、悲しさが一次感情です。そのほかにも、図にあるような一次感情があるかもしれません。自分で気づいたことは、マイノートに書き出してください。

ただし、こうした一次感情に気づいても、そんな感情を持っていることをけっして否定しないでください。たとえば、「私が正しいと思っていることを一方的に子どもにわからせたかったんだな」と気がついたとしても、「母親のくせに、そんなことを思う自分はダメだ」と自己否定しないでください。

感情にいいも悪いもありません。

感情はただ生まれ、感じてしまうものです。自分の中に生まれたどの感情も悪者にせず、「私はそう感じたんだな」と、その感情に居場所を与えてあげましょう。

ステップ2 自分の中にあるマイルールや期待が何かを発見する

自分の中にあった怒りの根っことなる一次感情に気づいたら、次はその感情を引き起こしたマイルールや期待が何かを探って、気づいたことがあったら書き出していきます。

ここでは、宿題の例で考えてみます。

【気づいたマイルール】

・宿題は絶対にやるべきだ
・やるべきことをやってから好きなことをするべきだ

【気づいた期待】

・勉強して、いい成績をとってほしい
・言われなくても自分から進んでやれる子になってほしい
・ママの言うことを素直に聞いてほしい

ママの中にあるマイルールや期待が大きいほど、イライラすることが増えてしまいます。目の前の子どもや夫が、あなたのルールを破るし、期待に応えてくれないからです。

マイルールや期待があることに気がついたら、何かでそれらを緩めたり、手放したりできないか、考えてみましょう。

ステップ3 マイルールや期待を書き換えたり、緩めたりする

マイルールや期待を書き換えたいときは、次のようにとらえ方を換えてみましょう。以下の[マイルール]には、あなたのマイルールを入れます。

「[マイルール]にこしたことはないけれど、[マイルール]でないときがあってもいい（[マイルール]でないときもある）」

たとえば、[マイルール]に「宿題は絶対やるべき！」が入るとしたら、「宿題はやるにこしたことはないけれど、やれないときがあってもいい（できないときもある）」と、マイルールを書き換えてみます。

そして続けて「なぜなら」と、その理由を自分で考えてみます。気づいたこと

があったら、マイノートに書き出してください。

「宿題はやるにこしたことはないけれど、できないときもある」の場合ならば、続けて
「なぜなら、体調がすぐれないときも、気分が乗らないときもある」

「なぜなら、いつも決まった時間、決まったとおりにできるわけでもない」

「なぜなら、そもそもわからなかったらできない。先生に質問すればいい」

「なぜなら、私も子どものころ、やりたくなくてよくさぼったけど、どうにかなっていた」

「なぜなら、宿題をやらなくても、自分らしく幸せに生きている偉人はたくさんいる」

などと、気づいたことをマイノートに書き出してください。

このとき注意してほしいのは、できるだけ、あなたの中で納得感のあることや真実味を感じられることを書くことです。

次に、マイルールや期待を緩めたいときは、このようにしてみてください。

「私は宿題を自分からやってほしい」と期待していたのなら、それについて反論

を「とは言え」から始まる文章でマイノートに書き出してみましょう。たとえば、「とは言え、子どもなんだから、気持ちの切り替えは難しいよね」「とは言え、まだ一人ではできない年齢だから、私が手伝えるときに声をかければいい」

といったふうに、マイルールや期待を緩める言葉をマイノートに書いてみましょう。

ここで、実際に現場でママたちにやってもらっている感情マネジメントの流れを紹介します。

子育てがラクになる感情マネジメント2-1

「マイルールを書き換えてみましょう」

まずはイライラしたときに気がついたマイルールや期待を次頁の図のように書き出します。次頁の書き込みも参考にしてください。

次に、それぞれのマイルールについて

マイルールや期待	書き換えワード
宿題は絶対にやるべきだ	宿題はやるにこしたことはないけれど、できないときもある。なぜなら、体調がすぐれないときも、気分が乗らないときもある。
人に迷惑をかけてはいけない	迷惑をかけないにこしたことはないが、迷惑をかけずに生きることは不可能。そんなときは、お互い支え合っていけばいい。人は助け合って生きるほうが幸せだ。

「マイルールにこしたことはないけれど、マイルールでないときがあってもいい（マイルールでないときもある）。なぜなら理由」の形に書き換えていきます。

ポイント

この作業を行いながら、ママのイライラを作り出すマイルールや期待を一つずつ見直し、手放せそうなものがあれば、意識して手放していってください。

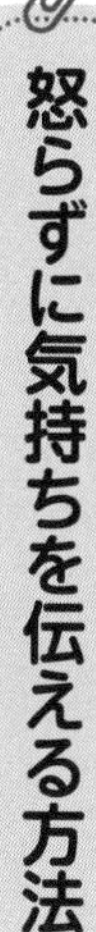

怒らずに気持ちを伝える方法

イライラや怒りが、自分の中にあるマイルールや期待から起こっていることに気づいたら、怒らずにそれらを伝えるにはどうしたらいいでしょうか。そのためにオススメなのがアイメッセージです。

アイメッセージというのは、「私はこう思う」と、「私」を主語にして話すメッセージです。**このアイメッセージで伝えると、相手を批判せずに、あなたの思いが伝えやすくなります。**

もし、すでに怒ってしまったことで後悔していることがあれば、そのままにせず、アイメッセージで伝え直してみてください。ドラマのNGシーンをもう一度撮り直すような感じです。

たとえば、「いい加減に宿題やりなさい！　やるまでゲームもYouTubeも禁止！」と怒ってしまったことを後悔しているのであれば、アイメッセージで「宿題はいつごろやる予定かな？　ママは夜になったらお手伝いできないから、心配になっちゃったんだよね。ママは夕飯前までに終わらせられるといいかなって思うんだけど、あなたはどうしたい？」と「ママは」を主語にして伝えてみます。

同時に、お子さんの考えも確認します。もしお子さんが自分で「○時になったら始める」と言ってくれるようでしたら、「わかったよ。○時になったら自分で始められそう？　それともママが声をかける？」と確認するといいですよ。

お子さん自身がそれをできるかできないかにかかわらず、まずは言ったことを尊重してみてくださいね。

さあ、ここからは子育て感情マネジメントの応用編です。

先ほどご紹介したイライラを手放すためのマイルール書き換えと、アイメッセージ。これらを日常的にできるようになる感情マネジメントが、次にご紹介する「イライラ観察レコーディング」です。

マイノートに、あなたが実際イライラしたり怒ってしまったりする出来事を記録することで、あなたがイライラするパターンに気がつくことができます。それを続けていくうちに、イライラを手放すことができるようにもなっていきますよ。

「イライラ観察レコーディングをしてみましょう」

次頁の書き込みを参考に、「イライラした出来事」「こころの声」「TAKE2（テイクツー）」の順でマイノートに書いてください。

❶「イライラした出来事」には、そのことがあった日付や時間帯を書き、イライラしたり怒ってしまったりしたときの出来事を簡潔にマイノートに書きます。ここには感情や考えなどは書かず、事実のみを書きます。

❷「こころの声」には、イライラの根っこにある「感情や本音」を書きましょう。

❸「TAKE2」には、もしまた同じことが起きたとき、本当はどうしたいか、どんなコミュニケーションをとりたいと思うか、アイディアを書き出します。アイメッセージも活用してみてくださいね。

別の日にイライラした出来事があったら、同じくマイノートに書きます。

イライラした出来事	こころの声
4月1日(月)夕方 ❶ いつまでもダラダラしていて宿題をやらない息子に「いい加減に宿題やりなさい！」と怒鳴ってしまった。	❷ ・宿題をやらない姿を見ていると、 『この子は将来、大丈夫なんだろうか』 『この子は勉強できないまま成長してしまうんじゃないか？』と不安だった。 ・話を聞いてくれなくて悔しさ、悲しさもあった。 ・先生にダメな親子だと思われたくない。

【TAKE2】 ❸

「宿題はいつごろやる予定かな？夜になったらお手伝いできないから、ママは心配になっちゃったんだよね。ママは夕飯前までに終わらせられるといいかなって思うんだけど、あなたはどうしたい？」と言ってみよう！ この子自身、宿題についてどう感じているのかも、聞いてみよう。

イライラした出来事	こころの声
4月3日(水)夜 ❶ 夫が帰宅したとき、リビングに入った途端「部屋が汚いなぁ…」と言ったので、腹が立って「私だって忙しいんだから仕方ないでしょ！」と喧嘩になってしまった。	❷ ・二人のお世話にいっぱいいっぱいだったのに、私の状況を理解してくれなくて悲しい ・責められているように聞こえて悔しかった ・ダメな母親だ、妻だと自分を責めるような気持ちになった ・外で自分のペースで働いてる夫が羨ましかった

【TAKE2】 ❸

「そうだよね。でも今日は子どもたちがぐずっちゃって大変だったの。食事も時間かかったし、遊んでほしがるから、お片付けする時間がなかったんだ。一緒に片付けてくれたら助かるよ」と、冷静に伝えよう。

あと、夫も疲れて帰ってきてるだろうから、私も「お帰り、お疲れ様」と言うようにしよう。

ポイント

「TAKE2」に書くときは、「本当はこうするべきだった」という正解に思える振る舞いを書くのではありません。あくまでも**「本当はこうしたい！」という、あなたが望む自分のあり方を書きましょう。**

コーチングマインドで大事にしていることは、**まずはできるか、できないかという制約にとらわれず、自分が本当に望むゴール（目標）を設定することです。**

あなたがこころから望む未来の自分を描くからこそ、そうなりたい、叶えたいという力が湧いてきます。「TAKE2」を書こうとして、それはちょっとハードルが高くて実際にできそうにないなと感じたら、そのまま書かず、それに近づくために、できそうな小さなアクションをメモする程度で構いません。

私も、自分のイライラ子育てを変えていこうと向きあった当時、このイライラ観察レコーディングを行いましたが、1カ月続けただけで、なぜ自分が感情的に叱ってしまうのか、本当は自分がどんなママになりたいのか、どんな子育てをし、どんな親子関係を築いていきたいのか、気づく助けになりました。

本当は、私は「毎日子どもたちと笑って過ごしたい、愛情を与えたい」と思っていたのです。そのことに気がつけただけでも、日々のイライラがグッと減ったし、不要に怒ることが少なくなりました。だんだんと、マイナス感情をコントロールできるようになったのです。

マイナス感情をコントロールできるようになると、なりたい自分が見えてきます。まずは1週間からでもいいので、始めてみてくださいね。

「ダメ出し子育て」から「あるもの探し子育て」へ

「なんで、ちゃんとできないの」「そうじゃなくて、こうでしょ」「もっと頑張らなきゃダメでしょ」子育てをしていると、無意識にそんなダメ出しばかりしてしまっている自分に気づくことはありませんか。

以前の私は、わが子の足りないところ、できないことばかりに目がいき、なんとかそれを改善させよう、コントロールしようと必死でした。「走っちゃダメ！」「いい子にして！」「わがまま言わないの！」「もっとていねいに書きなさい」

毎日が、そんなダメ出しの連続でした。気づいたときには、息子は自己肯定感が育たず、自信をもって行動することもできず、なんでも私に確認を取るようになっていました。そもそも、まだまだ成長の初期段階にある子どもの、できていないところや足りないところをいちいち直そうとしたらキリがありません。**大人になってからだって、完璧な人など存在しないのですから。**

想像してみてください。自分が同じように、親や夫からダメ出しの言葉ばかり毎日かけられていたら、どうなるでしょう？　「私は何もできない」「私がいけないんだ」そう思ってしまうのではないでしょうか？　そんな気持ちで人生を過ごしていくのは、とても苦しいことです。

子どもの自己肯定感を育て、幸せな子育てをするには、ダメ出しではなく、すでにできていることや持っている力に目を向け、気づいたときに一つひとつ伸ばしていくことが重要です。

それには、今日からダメ出しをやめて、認めてあげたいことを探す「あるもの探し」に切り替えることをオススメします。見つけたら、その都度マイノートに書き出してくださいね。

1章の「自己肯定感の感情マネジメント1-4」でやった「自分を褒める言葉を書いてみましょう」を行うとき、一緒にわが子の「あるもの探し」をやってみてもいいですよ。

「わが子にあるものを探してみましょう」

わが子にはこれがあると思ったら、「でも、こんなところは他の子にもあるから違う」なんて思わないで、そのままマイノートに書き出してください。たとえば、こんな感じです。

・今日も元気に生きていてくれて嬉しい！
・今日はご飯を残さず食べられたね！　ありがとう！
・下の子と一緒に遊んでくれてありがとう！
・難しい問題にもチャレンジできたね、すごいぞ！
・その笑顔が本当にかわいい！　ママの癒しだよ！
・お友達思いで優しいね！
・その慎重さもいいところだよ！
・ママを抱きしめてくれてありがとう！

行いや振る舞い、性格など、どんなに小さなことでもどんどん〝良い出し〟をしてみましょう。

ポイント

毎日続けていると、これまでどうして気がつかなかったのだろう、と不思議に思えるほどわが子ができていること、良いところに気づけるようになりますよ。

このとき大切なのは、あなたが気づいたことをお子さんにしっかり伝えてあげることです。そうすることで、子どもの自己肯定感や自己効力感が一気に高まります。

完璧なママじゃなくて大丈夫、オンリーワンママになろう！

私がママになって苦しかったのは、自分が想像していたような素敵なママに全然なれなかったことでした。

アニメに出てくるような、いつも穏やかで笑顔のママ。子どもがイタズラや失敗をしても怒らないママ。おやつは手づくりで、食事も栄養満点。子どもと一緒に遊んだり、読み聞かせをしたりしながら、子育てを楽しんでいるママ。

笑われるかもしれませんが、子どもが生まれたら、無条件にそんなママになれると信じていたのです。ところが、現実の自分は、そんなママには程遠いと悟ったとき、私は心底、がっかりしました。子どもにも申し訳ないと思いました。「こんな私のところに生まれてきてしまって、ごめんね」と……。

けれども、子育てにつまずいたからこそ、私はコーチングに出合い、こころのことを学び、自分に向き合うチャンスを手に入れました。そして気がつきました。先述したように、そんな「完璧なママ」なんて本当は存在しないんじゃないかと。

それだけではありません。目の前のわが子は、どれほど私がダメなママでも、いつでも許してくれたし、愛を返してくれたのです。

完璧なママなんていう幻想を追いかけていたって、いつまでも叶わない。私たちママは完璧である必要はないんだ。それよりも、わが子と一緒に自分を育てながら、だんだんママになっていけばいいんだ……。

他の誰でもないオンリーワンのわが子とオンリーワンのママで、オリジナルの幸せのかたち、幸せな家族になればいいんだ！

もし、あなたも以前の私のように完璧なママ、いいママを目指していて苦しんでいるとしたら、ありのままのあなたでオンリーワンのママを目指してください。子育てがスーッとラクになりますし、幸せが近づいてきますよ！

あなたらしい子育ての軸を見つけよう！

あなたらしいオンリーワンママになるには、いわゆる世の中の子育てのルールに振り回されるのではなく、あなたらしい子育ての軸を見つければいいのです。その方法をお伝えします。

そもそも、私たちがママになったその日、あなたはわが子を初めて腕に抱きながら、どんなことを願いましたか？「この子が健康でありますように」「幸せに生きられますように」そんなシンプルな願いをこめませんでしたか？

けれども子育てに必死になり、子どもが成長するにつれ、「お友達と仲良くしてほしい」「自分のことは自分でできるようになってほしい」「習い事、頑張ってほしい」「自分の意見を言える子になってほしい」「兄弟姉妹仲良く、思いやりを持ってほしい」「勉強を一生懸命やってほしい」「いい学校に行ってほしい」……、こんなふうに、どんどん期待や願いをかけてしまうようになりますよね。

それは、子どもの幸せな未来を願うからだと思いますが、そこに落とし穴があります。**その願いや期待が、わが子にあれやこれやと要求したり、叱ることに繋がっていったりするからです。**

この落とし穴にはまらないためには、あなたの期待や願いを仕分けしてみてください。そして、細かい期待や願いはいったん脇に置き、より大きな視点で、本当はわが子に何を期待し、願っているのかを整理してみてください。

あなたが、わが子に「こんな大人になってほしい」と願うことはなんですか？ あなたの手から離れ、自立をし、社会の中で生きていくとき、どんな大人として生きていってほしいと願いますか？

わが子に「こんな大人になってほしい」「こんな人として自立し、幸せに生きてほしい」と考えたとき、期待することは案外多くないと思います。そこで見えてきたことが、あなたの子育ての軸になっていくことでしょう。

そのために、次の感情マネジメントが助けになると思います。気づいたことはマイノートに書き出してください。

子育てがラクになる感情マネジメント2 - 4

「子育ての軸を見つけてみましょう」

見本の表を見ながら読んでください。

❶まずは、どんな大人になってほしいかをマイノートに書き出します。多くても3つまでです。

❷次に、そんな大人になるために必要なことは何か？　を考えます。経験や体験、能力、情報など。

❸子どもが❷に書いたことを手に入れるために、親のあなたができることはどんなことかを考えます。関わり方や、サポートなど。

ポイント

次頁の書き込みを見ていただくとわかりますように、願いは意外にシンプルで

子育ての軸　書き方例

子育て軸 1 どんな大人になってほしい？	子育て軸 2 どんな大人になってほしい？	子育て軸 3 どんな大人になってほしい？
・自分を愛せるこころを持ち、自分を大切にできる人 ❶	・人を愛し、大切にできる人 ❶	・失敗を恐れず挑戦できる人 ❶
↓	↓	
そのために必要なことは？ （力、経験・体験など）	そのために必要なことは？	そのために必要なことは？
・自己肯定感 ・愛され信じられた経験 ❷	・愛される体験 ・人を大切にする方法、人の尊さを知っている ❷	・挑戦と失敗、克服体験 ・自分の可能性を信じるこころ ❷
	↓	↓
そのために親として できることは？	そのために親として できることは？	そのために親として できることは？
・日々、愛情を言葉で伝える ・親子の信頼関係を築く関わり ❸	・承認、勇気付け ・ニュースを見て語る ❸	・勇気づけ ・様々な体験の機会を作ってあげる ・挑戦や失敗の経験を親の背中でも見せる ❸

すし、親のできることも多くはないですよね。

子育てをしていると、ママのルールや期待が溢れ、ついつい子どもを叱ってしまうことが多くなりますが、本当は細かいことにイチイチ怒りたくないのです。それなのに、言わずにはいられない。そんな葛藤も多いのが子育てです。

そんななかで**子育ての軸という大きな指針があると、「本当に大切にすべきことは何か」が見えてきて、大きなこころで構えていられるようになり、小さなことに目くじらを立てず、いっときの感情に**

振り回されずにすむようになります。「まあ、これは、本当はそこまで怒る必要のないことだよな」と気づけるようになるからです。

さあ、あなたの子育ての軸を書き出してみましょう。そして、子育てに迷ったときは、ときどき見返してくださいね。そうすると、スッと迷いが晴れたり、あなたがすべきことが何なのか、道が見つかったりしますよ。

「信じる子育て」をしよう

長男が小学4年生のときのことです。私はリビングでパソコン仕事をし、少し根を詰めていました。そのせいか疲れがたまり、私がため息をついたそのとき、隣にいた長男が、こんなことを聞いてきたのです。「母は、自分の人生に満足している？」と。

子どもは、ときとして、突然、ドキッとするような質問をしてきます。あなたがそう聞かれたら、なんて答えますか？　私は「もちろん」と答えました。

すると長男は続けざまに、「10点中、何点満足してる？」と聞いてきたのです。

そんなコーチングでよく使う質問を、突然してきた長男に驚きつつ、私は答えました。「7点かな。好きな仕事をしているからね。大変なこともあるけど、毎日幸せだなーって思ってるもの」

それに対して長男は、「じゃあ、残りの3点はなに？」とさらに聞いてきます。ここでも、コーチングクエスチョンが飛び出しました。私は、「そうだな〜。まだやりたいことを全部できているわけじゃないからね。これから叶えたい大きな夢がいくつもあるから、その分かな」

すると長男は、「母は努力家だね。いつもどんなことでも、たとえイヤだ！って思っても、何回も同じ仕事をして、諦めないで続けているね。自分から、楽しんで仕事をやっているね」と言いました。

長男の目には、私の姿がそんなふうに見えているんだ⁉と、驚きとともに嬉しくもありました。次に私が「まだ足りていない分も、母は楽しみながらやれてるよ。ところで、あなたはどう？　自分が望むことをやれてる？」とたずねると、「うん、自分のできることで、ちょっとずつやってるよ」と答えてくれました。

長男が、自分がなりたい自分に、自分が進みたい方向に、自分のペースで、できることを、少なからずできているのかと思うと、嬉しくなりました。

長男は幼いころ、大変な癇癪もちで手がかかりました。勉強なんて大嫌いだ！と、すぐ泣いたし、弟と喧嘩ばかりしていました。けれども、素敵な感受性や人への愛情を持っているし、成長するにつれ一つのことを粘り強く継続する力が育ちました。

次男は、忘れ物やなくし物が多く、感情コントロールが苦手な一面があります。けれども、リーダーシップがあり、思いやりや優しさ、そして行動力があります。

こんなふうに、それぞれ生まれながらにして個性や特性がありますし、いいところもあれば、そうでないところもあります。**完璧な人間などどこにも存在していません。ですから、足りないところを埋めるために必死になるよりも、すでにあるいいものを伸ばしていけばいいのではないでしょうか。**

そんなふうに考えられると、子どもはきっと大丈夫だと信じることができると思います。良い学校とか、スポーツ万能とか、親の虚栄心を満たすような「いい子」ではなくても、平凡かもしれない、あるいは人とは違うかもしれないけれど幸せに生きていける大切な力を持っていると信じていたほうが、その子の素敵なところに目を向けることができます。

それは、ママ自身も同様です。自分のダメなところばかりにこころを奪われるのではなく、**自分の素晴らしさに目を向け、自分たちの成長する力や、未来の可能性を信じる。自分はこの人生を幸せに生きるために生まれてきたと信じて生きる。**そのほうが、結果として子どもにプラスの影響が伝わると思います。

これは、私が個別セッションのクライアントさんや、講座に来てくださる方たちに、いつも伝えている言葉です。

あなたも、お子さんも、大丈夫。

いい子、いいママでなくて大丈夫。

お子さんのこと、そしてあなた自身のことを信じて進んでいきましょう。

ママSTORY

「怒っちゃダメ」から「怒っても大丈夫」な絆を結べた

ママコーチスクール0期生　N・Sさん（当時、中1・小5のママ）

ママコーチスクールに通うようになったら以前より、家族とのコミュニケーションが増え、絆が深まったように思います。

それまでの私は、「怒ることはよくないことだ」と考えていました。そのせいで子どもを怒ってしまう自分を責めてしまうし、家族がケンカする姿を見ることも大きなストレスでした。

けれどもコーチングのワークで「怒ってもいい」と「ビリーフ（思い込み・正しいと信じている考え方）」の書き換えができたことで、怒ることへの罪悪感がなくなり、自己嫌悪に陥ることも減りました。逆に、家族が怒ることにもイライラせず寛大に構えられるようになり、以前より生きることがラクになりました。

いつも、よう子さんがおっしゃられている「怒っても崩れない絆があれば大大丈夫」という思いが、より強くなってきたように思います。そして、いつの間にか人や感情に振り回されず「自分の人生の舵取りができる」ようになっていたのは、卒業後の大発見でした。

以前の私は、回りに流され、他人軸で生きてしまうことが多かったのですが、今は常に落ち着いて「本当はどうしたいの？」と冷静に自分に問いながら、日々の生活を主体的に送ることができています。

これも、スクールで勉強したことで、「何かのせいじゃない、誰かのことじゃない、できる、できないじゃない、自分が本当はどうしたいのか」と自分に問いかける習慣が身につき、自分が人生の主人公として生きることができるようになった証拠だな！　と確信しています。

夫婦関係が もっと良くなる感情マネジメント

――夫婦関係に悩んでいるあなたへ

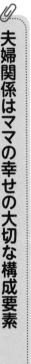

夫婦関係はママの幸せの大切な構成要素

あなたは今、幸せですか？　幸せを実感するには、いくつかの要素があると思います。健康・お金・家族・仕事・人間関係……。その人間関係のなかでも、**夫婦関係の良し悪しは人生の幸福度に大きく影響します。**

　夫婦関係がうまくいっていれば、日々の生活も安定し楽しく暮らせます。何か問題が起きたときも、協力して乗り越えることで、たいがいのことは問題でなくなります。

　一方、夫婦関係に亀裂が生じていたり、常に何らかの違和感や障害があったりすると、それだけであなたのこころはストレスにさらされます。子育てだけでも悩みは尽きないというのに、そこに夫との不和が重なると、なおさらイライラやうまくいかないことが増してしまいます。そうなってしまうと、本来そこまで怒ったりイライラしたりしなくていいことにも、つい感情が爆発しやすくなります。

　幸せな人生の土台には、良好な夫婦関係でいることがとても大切だと私は感じています。

あなたの夫婦のカタチはどのタイプ？

私はこれまで、たくさんの夫婦関係のお悩みも伺ってきました。そのなかで夫婦の形にもいくつかの傾向があることに気づきました。それを大きく分類すると、**激情型夫婦、ワンオペ夫婦、仮面夫婦、無関心夫婦、愛情夫婦の5タイプです。**一つずつ見ていきましょう。

①激情型夫婦

お互い気に入らないことがあると、感情的になり、怒りをそのまま相手にぶつけ合ってしまう夫婦。お互いに譲れない正しさやルールがあるので、折り合いがつきません。話し合って解決することも難しく、相手が間違っているという見方しかできなくなってきます。喧嘩がたえません。

②ワンオペ夫婦

その名のとおり、ママがワンオペ状態。ご主人が忙しく、家にいる時間が少ないことで（単身赴任などの場合も含む）、家事や育児の負担がママだけにかかっている状態です。あるいは、共働きであるにもかかわらず、保育園の送迎や家事などをママ一人がこなしている状態です。

このようなワンオペ状態の夫婦は、当然ママの不満やストレスが大きくなります。こころも身体も疲弊してきて、夫への不満も一層大きくなりやすい。ママがその大変さを訴えても、大抵、夫はそのことに対して具体的な対応をしてくれないことが多い。これが数年間続くと、離婚予備軍になる可能性が大いにあります。

③仮面夫婦

これまでの夫婦生活で、お互いに不満が重なってきた結果、世間体や子どものためという建前だけで離婚には至っていませんが、こころは離れてしまっています。外ではごく普通の夫婦を演じ、保護者会や運動会などでは家族として過ごせ

るし、SNSなどに仲良し家族の様子をアップすることはできますが、家庭内では事務的な会話しかできません。将来どこかで離婚してもいいと思っています。

④無関心夫婦

仮面夫婦のさらなる進化系です。離婚までは至っていませんが、完全に相手への興味、関心は失っています。相手がどこで何をしていようと、それすら興味がないので、怒りも感じないし、喧嘩すらしないことが多い。お互い別のパートナーがいたり、探していたりするなんてことも。

⑤愛情夫婦

こちらは、いわゆる円満な夫婦です。友達や恋人のような関係性をキープできており、お互いに思っていることを素直に伝え合うこともできます。その分、ストレスも少なく、ときどき喧嘩をしても、それほど長引かない。

このタイプの方は、この章をスルーしていただいても良いですが（笑）、ときに、安心感からこころを許しすぎて思いやりに欠けた態度や言葉をかけてしまうこともあります。

親しき仲にも礼儀あり、の気持ちで相手を大切にできる態度や言葉をこころがけていれば、さらなる幸せへと繋がっていくでしょう。

あなたはどのタイプの夫婦関係だと思われますか。夫婦関係に課題がある①～④の場合は、**それぞれ悩みの中身は異なるでしょうが、どのタイプの方にも大切にしてほしいことがあります。それは、あなたの「気持ち」です。**

いつもパートナーに対してイライラ怒っているかもしれませんし、うんざりしているかもしれません。あるいは、諦めて無感情でいようとしているかもしれません。でも、それらはどれもあなたの本当の「気持ち（こころ）」の表れではないかもしれませんよ。

①～④のどのタイプのママであっても、

・本当はわかってほしいことがある（あった）
・本当は大切にしてほしい（ほしかった）
・本当は幸せな夫婦でありたい（ありたかった）

という気持ちがあります。

けれども、さまざまな出来事が誤解を生んだり、喧嘩をくり返したりするうちに、お互いの本当の気持ちを感じなくなります。ついには、相手に求めることを諦めたり、乱暴な言葉や態度でぶつかり合ったりすることでしか、自分を守ることができなくなったのでしょう。

その結果が、今の夫婦の形になっているのではないでしょうか。でもそれは、けっして最初から望んでいた形ではないはずです。

夫婦仲がうまくいかない理由

夫婦仲がうまくいっていない妻には、いくつかのコミュニケーションパターンがあります。

❶自分の正しさを押しつけ、勝とうとしてしまう

このパターンは劇場型夫婦の方に多いのですが、常に自分の中の正しさや、こうあるべき、こうあってはならない、というルールが存在しています。

目の前の夫が、ことごとくそこにはまらないので、常にイライラし、裁判官となって相手を罰しています。「あなたはおかしい」「それは間違っている」と言わんばかりに、自分の考えをぶつけてはいませんか。

このタイプは、否定されることがいちばんのストレスになります。否定されるくらいなら、相手が「自分が負けた、自分のほうが間違っていた」と認めるまで、追い詰めてしまいます。要するに、夫は敵で、常に勝とうとしてしまうのです。勝ちたいので、当然自分から「ごめんなさい」なんて、謝ることはできっこありません。

そうなると、夫ももはやこの妻にわかってもらおう、話し合おうと思えなくなり、戦意喪失して会話をしなくなるかもしれません。あとは、仮面夫婦や無関心夫婦へと移行していくだけです。

❷「自分が我慢するしかない」と思い込み、何も言えなくなってしまう

こうなりがちな方は、おそらくご自身の生育家庭の環境（ご自身と親の関係）の影響が大きいことでしょう。子ども時代、親に否定されることが多かったり、無関心な態度を取られたり、あるいは長女として一心に親の期待を背負わされ、反

抗できなかったり……。結局、自分が我慢して、親の望むとおりに振る舞っていれば、親は機嫌良くしていると思うようになります。

そういう方は、自分の気持ちや感情に鈍感であろうとします。言葉にするのも苦手です。こころの中では、自分の正直な気持ちを伝えたら嫌われてしまうかもしれない、怒らせてしまうかもしれない、空気を乱すかもしれない、そんなことになるくらいなら、言わないでおこうと考えてしまいます。

その結果、**自分さえ我慢すれば丸くおさまると考えるクセがついてしまいます。**ママになっても、ワンオペでも自分の気持を伝えたり、相手に改善を要求したりすることができず、ストレスをどんどん溜め込んでしまう方も少なくありません。

伝えることを諦め、相手に期待することも手放すことで自分のこころの平安を守るようになり、その結果、仮面夫婦になるパターンもあります。

あるいは、相手の不機嫌は自分が悪いからだ、と常に自分を責めてしまう方もいます。ここまでくると、かなり危険です。毎日苦しかったり、悲しかったりが続き、こころの病気になってしまう可能性も出てくるからです。

一方夫は、そんな妻の様子にまったく気づいていなかったり、妻が多くを語らないのは**「この人が自分とコミュニケーションをとりたくないからだな」と判断したりしている場合もあります。**

いずれにしても、その結果としてコミュニケーションはどんどん希薄になり、お互いが「話しても無駄」「もうこの人と話すことはない」と思い込み、夫婦仲はどんどん冷めていきます。

❸イヤミで相手を怒らせてしまう

よく、夫にイヤミを言ってしまうことはありませんか？　妻が夫にイヤミを言ってしまう理由は、いろいろあると思いますが、大きな理由が一つあります。それは「夫に期待している」から。

じつは、こころの中では、こんなことを期待しているのです。「本当は家事を手伝ってほしい」「本当は一緒に子育てをしてほしい」、もっと言うと「本当は理想の（私が望む）夫でいてほしい」

それなのに、夫は仕事を理由に家事を手伝わない。休日は疲れていると言って一日中寝ていて、家族の時間を大切にしてくれない。私への愛情表現などは、とうの昔のこと。そんな期待外れの夫に、真正面からお願いをしても無駄だったという経験が、イヤミを言わせるのかもしれません。

でも本当は、夫に気づいてほしいし、察して自分から動いてほしいのです。ありがとうって感謝もしてほしいのです。けれども素直にそのままの気持を伝えるなんて今さらできない、だから遠回しにぶつけてしまうのです。自分がイヤミを言う悪者になることで、相手に気づいてもらいたい気持ちがあるのです。

妻のイヤミな言葉の奥には、本当は愛情が隠れていることもあるのです。でも残念ながら、**気づいて、わかって、察して、動いて、は伝わらない**のです。夫は言葉どおりを受け取り、ここまで冷たく意地悪になった妻に驚き、ひいてしまうのでしょう。

妻が変われない本当の理由

それでも夫婦関係を改善するために妻たちができることはあります。たとえば、いきなり相手を否定するのではなく、相手の意見も受け入れてみるとか、イヤミではなく「手伝ってくれたら助かるよ」「〜〜してくれてありがとう」と気持を素直に伝えるとか。でも、それができないから長いこと今の状態なんだ！　というママたちの声が聞こえてきます。

頭では「夫を変えようとするのではなく、自分が変わるしかないんだ」とわかっています。けれども、それが本当に難しいのです。それはなぜなのか。妻たちが大いに拗ねているからだと思いませんか。

私はこれまでこんなに頑張ってきた。歩み寄ろうとしてきた。それなのに相手がちっとも理解しなかった、歩み寄らなかった、変わってくれなかった、それなのに、なぜ自分から頭を下げなければいけないのか、いつも私ばっかりなんて、ずるいじゃないかと拗ねているのです。

それなのに、自分が変わらなければならないなんて悔しい、損している気がする、夫に負けた気がする、自分から夫に優しくしたり感謝をしたり歩み寄ったりしたら、今まで苦労してきた自分が可哀想じゃないか！　そんな気持ちにすらなるのです。

だから、今さら本当の気持ちなんて言えないし、甘えてお願いをするなんてできないと思ってしまいますが、そこには悔しさや恥ずかしさがあります。その悔

しさや恥ずかしさを乗り越えることが苦しいのです。

相手を許せない裁判官——人にはそれぞれの価値観がある

なぜ、こんなふうに夫婦の気持ちはすれ違っていくのでしょうか。それは、**夫と妻は別々の人間で、それぞれに信じている正義やルール、大切にしたい価値感があるから**です。

たとえば、Dさんの場合、ご主人は、とてものびのびと育てられた人でした。ご両親は大らかで、Dさんのご主人は子どものころから親に怒られることはなかったそうです。ですから、今度は自分が親になっても、同じように子育てをしようとしました。子どもがどんなにわがままを言っても気にせず、食事中に遊んだり歩き出したりしても叱ることをしませんでした。

けれどもDさん自身は、厳しく育てられたので、最低限のマナーやルールを子どもたちに教えたいと考えています。食事中に遊び始めるわが子に「ダメよ！　すわって食べなさい！」と注意をします。するとご主人が、不機嫌そうな顔で「ダメとか言うなよ。怖いんだよ、お前は。いつもそんなに怒ってるの？」と言ってきます。

それを言われたDさんは、頭にカーっと血が上るような感覚になりました。「なんで私が怒られなきゃいけないの⁉　母親として当たり前のことをしているだけなのに！　夫は無責任すぎる！　いいとこ取りして、大変なお世話は全部私じゃない！」と、泣き出したくもなります。

Dさんのご主人が信じている正義は「子どもはのびのびと育てるべき」「母親は常に穏やかでいるべき」です。一方、Dさん自身が信じている正義は「食事のマナーは親が躾けるべき」「将来子どもが恥ずかしくないように育てるのは親のつとめ」です。

Dさんもご主人も、お子さんのことを大切に思っていることは変わらないのに、信じている正義やルールが異なるために、子育てに関する方針に違いが出て、争いの種になってしまっているのです。

このとき、お互いが自分の正しさを相手にわからせようとするために、相手を、まるで裁判官のようにジャッジしているのです。そして、相手が間違っていると責めたり、イヤミな言い方をしたりして変えさせようとしているのです。

その結果、互いの価値観や正しさが異なるほど、夫婦の争いが増えていきます。

ですから、**夫婦関係をよくするためにはまず、「人にはそれぞれ信じている正義やルールがあり、大切にしたい価値感もある」ことを大前提に置くことです。**そうでないと、せっかくのコミュニケーションが二人の溝を深めることになってしまいます。

このことを踏まえたうえで、次に、夫婦のパートナーシップを改善するカギについてお話しします。

パートナーシップ改善のカギ

お互いの考えが違うことでぶつかってしまったときは、次のことができているか確認してみてください。

・相手に勝とうとしない
・相手の思いを想像し、自分の思いも伝える

・自分が相手にしてほしいと思うコミュニケーション方法で伝える

まず、**「相手に勝とうとしない」ことですが、このことはこの先の長い夫婦関係において、とても大切な在り方です。**

夫は本来「敵」ではありません。家庭の中に敵を作ってしまったら、そこはもう安心安全な場所ではなくなり、常に相手を傷つけるか自分が傷つくかの戦場になってしまいます。もし、これまでにそうなったプロセスがあるとしたら、そして傷ついたあなたのこころがあるとしたら、そう簡単にはいきませんよね。

それでも、夫を敵とみなしているかぎり、この先もずっとあなたは傷つき続けてしまいます。自らを救うためにも「敵」というフィルターを外して、勝負の土俵から降りてください。戦って、相手をこっぴどく追い詰めて、言い訳できないようにさせて、こころの中で相手を負かしたと思えたとしても、それが本当の幸せでしょうか。それが本当に手に入れたかった気持ちでしょうか？　おそらくそうではないでしょう。

次に**「相手の思いを想像し、自分の思いも伝える」**ことですが、先ほどのDさんのご主人の例で言うと、ご主人はDさんに「ダメとか言うなよ。怖いんだよ、お前は。どうして、いつもそんなに怒ってるの？」とイヤミな言い方で責めてきました。

このとき、その言葉どおりに受け取って、すぐに反応しないでください。ちょっと間を置き、**ご主人が本当は何を伝えたいのか、大切にしたいルールや価値感はなにかを想像してみてください。**もちろん、Dさん自身の「私は子どものためにも最低限の躾は必要だと思っている。強く言う必要があるときもある」という気持ちも大切にしてください。

そのうえで、ご主人の本当の思いや自分が大切にしたい思いを整理できたら、次のように伝えてみます。

まず、ご主人の気持ちを受け止める言葉を伝えます。

「あなたは子どもをのびのび育てたいんだよね。それもとてもいい考え方だと思う。できるなら私もそうしたいと思っているよ」

本音をぶつけ合うだけでは争いに発展してしまいますから、まず、このように伝えることから始めます。そのうえで、自分の思いを伝えてみます。

「ただ、私は自分の経験上、食事をきれいに食べられるようになることは、人として大切なことだと思っているんだ。できれば、小さいうちから、少しずつ教えていきたいと思っているの。言い方は考えていくけど、食事中に注意をすることも、受け入れてもらえたら嬉しい」

こんなふうに、**我慢するのではなく、あなたの大切な思いも伝えていってください。**

ここからは、実際のコーチングで行っている、より良いパートナーシップを築けるようになる感情マネジメントを紹介します。

夫婦関係がもっと良くなる感情マネジメント3-1

「自分が望む夫婦像を描いてみましょう」

この感情マネジメントは、**あなたが本当はこういう夫婦になりたい、と願っている夫婦像を明確にするために行います。**

もしあなたが「もう夫婦関係を改善する気はない。口も聞きたくない。着々と離婚に向けて準備を進めたいの」とこころに決めているならば、ここからの感情マネジメントは飛ばしていただいて結構です。

でも、「まだ自分の気持ちがわからない」あるいは、「ほんの少しでもこの先の夫婦関係について見直してみたい」「本当は昔のような関係に戻りたい」と思えるのであれば、ぜひ、ここからの感情マネジメントを一緒にやっていきましょう。

では、始めます。

❶現在、夫婦として悩んでいる問題は何ですか？

まずはマイノートに箇条書きにしてピックアップしていきましょう。

〈書き方の例〉

「会話が少ない、あるいは足りないと感じている」「子育てに協力してくれない（朝の支度、送迎、休日の遊び、食事の介助、お風呂など）」「もっと○○な関係になりたいけど、できない」「話を聴いてくれない」「価値観が違うから言い争いがたえない」「セックスレス」……

マイノートに、思いつくことを書き出してください。それによって、**自分の中で抱えている問題を外に出してみます。**それぞれの悩みの重さには違いがあるかもしれませんね。そんなことも感じながら、書き出してみましょう。

❷本当はどんな夫婦関係になりたいと思いますか？

できるかできないかではなく、嘘のない気持ちを書き出してみましょう。

書き方のコツとしては、相手がすべて変わってくれたらいい、という考え方ではなく、**あなたと相手がどういう関係性になっていたらいいか、という視点で書きましょう。**

また、時間や場所、状況など、できるだけ具体的な表現で書くことで、どんな夫婦を目指したいのか、現実的なイメージを描くようにします。

〈書き方の例〉

「子育てにもっと協力し合える関係」「一緒に方針を相談しながら子育てできる夫婦」「休日は、お互いを尊重して一人の時間も持てる」「土日には家族としての時間も持てて、一緒に食事をしたり、遊んだり、話ができたりする」「お互いの仕事のことや、子どもの成長について共有できる」「思いやりを持ち合って、自分の気持ちを我慢せず、でも傷つけ合わずに伝え合える」「心も体もお互いを大切に満たし合える」……

❸❷で書いた夫婦関係になるために、本当はどんなコミュニケーションが取れた

ら良いですか？　本当はどんなあなたでいられたら良いのでしょうか？

できる、できないは別として、あなたが考える「そのために本当はこうありたいよね」と思えるコミュニケーションの取り方、言動、ふるまい、あり方などを書き出してみましょう。

〈書き方の例〉

「夫の話をさえぎらずに最後まで聞く」「夫を否定せず、まずは受け止める」「お互いの価値観を尊重し合える」「感謝を伝える」「思いやりを持つ」「夫の気持ちを汲んだうえで丁寧に自分の気持ちも伝える」「素直にごめんねと言う」「週に1、2回は寝落ちせず、夫と夜に会話する時間を作る」「夫の食べたいものをときどき振る舞う」「夫の趣味も尊重するが、私も一人で自分の時間を楽しめるようお願いしてみる」「素直に甘える、頼る」……

あまり思い浮かばないようなら、たとえば理想の芸能人カップルや、素敵なママ友ご夫婦などがしていそうなことを想像して書いてみるのでも構いません。

❹最後に、❷で書いたような夫婦になりたいのはなぜですか？

その理由や目的について、あなたが大切にしたい考え方や価値観を書いてみま

価値観ワードリスト

□真実 □クリエイティブ □進化 □正直 □学ぶ □礼儀
□健康 □エネルギッシュ □ポジティブ □尊敬 □バランス
□努力 □勇気 □自分らしさ □没頭する □喜び □情熱
□積み重ねる □信頼 □誠実 □好奇心 □寛容 □自由
□自尊 □共感 □優しさ □忍耐 □愛 □自己表現 □安定
□調和 □励ます □富裕 □美 □承認 □道徳・モラル
□朗らか □気がつく □透明性 □自信 □受け入れる □完璧
□心のオープンさ □平等 □正義 □楽しむ □思いやり
□一貫性 □刺激 □プライバシー □達成感 □ユーモア
□自己成長 □貢献 □サポート □支配する □感動する
□優雅・上品 □リーダーシップ □教える □チャレンジ精神
□権威 □目的意識 □遊び心 □活躍する □個性 □冒険心
□名声 □輝き □未知 □強さ □直感 □ベスト □家族
□仕事 □責任 □地位 □向上心 □自己実現 □多様性
□夢 □目標 □成長 □挑戦 □幸せ □仲間 □賞賛
□勝利 □つながり □感謝 □イマジネーション □お金 □時間
□意志 □献身 □努力 □力 □秩序 □独創性 □平和
□ワクワク感 □楽観 □ゆとり □やりがい □好き・得意
□成功 □プロセス □主体性

しょう。

理由や目的を書くということは、あなたがこころの中で本当に望んでいることを自分の言葉にして理解するということです。嘘偽りのない正直な気持ちを綴ってください。

価値観については、前頁の価値観リストを参考にピックアップしてみましょう。もちろんリストにない言葉でも構いません。

〈理由や目的／書き方の例〉
「憎しみ合うのではなく、支え合える、幸せな家庭を築きたいから」「お互いがお互いにとって生涯の良きパートナーとして存在したいから」「夫にとって家庭が笑顔で心休まる場であり、自分はその妻でありたいから」

〈大切にしたい価値観／書き方の例〉
「尊敬」「信頼」「愛」「友愛」「援助」「主体性」「平和」「正直」……

ポイント

この感情マネジメントで大切なのは、**その目的、ゴールに向かって正しいアク**

ションを取ることです。「本当は夫婦仲を以前のように戻したい」と思っているのに、つい腹が立つからといって、毎日相変わらず相手を無視したり、イヤミを言ったり、我慢していたりでは、結局何も変わりません。

こころで思っていることと言動を一致させていく必要があります。今より良い夫婦関係を目指すのであれば、新しいアクションプランを作っていきましょう。たとえば、134頁の❷で書いたような夫婦になるには、どういう考えや行動が適しているか、良さそうと思ったことをマイノートに書き出し、これならできそうだと思えることからやってみてください。まずは、一つでもいいので、実践してみてくださいね。

アクションプランの例を表にしておきます。これを参考にしていただいてもいいですよ。

せっかくアクションプランをマイノートに書いても、内容が抽象的で具体性がないと現実的なアクションにつなげることができません。その場合は、もう一度アクションプランを読み返して、**実際に行動することを前提に、より具体的な行動目標に書き換えてください。**

アクションプラン例

★拗ねない、いじけない
★気持ちをきっちり話す
★夫の話や意見をまず受け止める
★結果を焦らない
★明るい未来を想像する
★無理しないで疲れたら休む
★自分のことも優先
★自分満たしも大事にする
★夫の良いところを見るようにする
★夫に1日1回以上感謝の気持ちを伝える
★イライラして口答えしそうになったら深呼吸をする
★夫に対しても、子どもに対してもイヤミを言わない
★伝えたいことをアイメッセージで伝えるようにする
★女を忘れない。服装とか態度とかアンチエイジングも
★うれしかった!　良かった!　と思うことは口に出す
★悲しかったこと、イヤだったことも口に出す
★ありがとうって思ったら口に出す
★寂しいと伝える
★夫が疲れているときは肩を叩く(スキンシップしてみる)
★夫にも子どもにも心からの笑顔で接する
★夫の意見を最初から否定せず、とりあえず受け止める。「そうなんだぁー、そう思ってるんだね」など
★(お互いを思いやって、感謝の気持ちはちゃんと伝えたりできる関係になりたいから)当たり前と思うことにも『ありがとう』を意識して言うようにする
★全部自分で抱え込まないでやってもらう(ただし、キーキー声にならないよう、普通のトーンで普通にお願いする)

たとえば、「おおらかでいる」という行動目標なら、さらに具体的に何ができるか？　と考えます。深呼吸をするとか、ご主人が話しかけて来たら、こんなふうに答えるとか……。

そして、マイノートに書いたことは、少なくとも毎日一つ以上、実践しましょう。

アクションプランを書いてもらうとき、私から見ていて、**本人にはちょっとハードルが高すぎるかなと思うことがあります。そんなときは、もう少しハードルを下げることをオススメしています。これをコーチングでは「スモールステップ」と呼びます。**頑張らなくても、すぐ行動できるくらいのアクションプランです。

たとえば、「感謝を言葉にして伝える」という行動目標を決めたけれど、実際にやろうとすると心理的な抵抗感があって、うまく言葉にできない。そういう場合は、直接面と向かって言うのではなく、まずはＬＩＮＥで伝える。それなら抵抗感は少ないでしょう。

たとえば、「今朝、ゴミを捨ててくれて、ありがとう」とか「いつもお仕事頑張ってくれて、ありがとう」など、ちょっとした相手の行動や当たり前のようにくり返している行動に、あえてお礼を伝えてみてください。

ご主人は、「いつもそんなの当たり前のことで、いきなりゴミ捨てに感謝をするのは変だ！」と思うかもしれませんね。でも、変ではありません。それでいいのです。だって、あなたが毎日家族の食事を作るのが当たり前で、いつも御礼や「おいしいね」などと感想など言ってもらえないのが当たり前になっていても、「いつも食事を作ってくれて、ありがとう」とＬＩＮＥで伝えてもらえただけでも嬉しいですよね！

あなたが「変だ」と感じるとか「恥ずかしい」と感じるその気持ちを超えて、**新しい行動をとることが、とっても重要です。**

あるいは、「週に1、2回は寝落ちせず、夫と夜に会話する時間を作る」のもいいですよ。でも、起きられる自信がないとか、夫と会話する時間をとることに抵抗を感じるようならば、夫の好きな飲み物を買っておいて、「お疲れ様、冷蔵庫にビール買っておいたよ」とメモに書いて置いておくというのはいかがでしょうか。話すことができなかったとしても、これであなたの思いやりを伝えることができ

ますよ。

夫に朝、「今夜帰ってきたら、寝ているかもしれないけれど、起こしてくれる？　話せる時間があったらなと思って」と声をかけておくというのもありです。実際は起きられなかったとしても、あなたが起きてコミュニケーションをとろうとする意思があることは伝わります。

そんなふうに、自分にとってハードルの高いことをはじめから完璧にこなそうとするのではなく、その手前で、できそうな行動をとってみることがオススメです。

夫婦関係をこじらせる思い込み

話は理解できたけれど、いざ新しいコミュニケーションパターンを実践しようにも、こころが抵抗してできそうにないという方もいます。その原因は何だと思いますか？

それは、そもそも夫婦関係がこじれていってしまった原因でもあるのですが、何かというと、「思い込み」です。

先ほども少し触れましたが、**夫婦のコミュニケーションがこじれていく大きな原因になるのが、相手の言動や心情が理解できないまま「なんで夫はこうなんだ!?」「夫はこうにちがいない」「どうせ言っても無駄だ」などと思い込むこと（誤解すること）です。**

これは、Eさんご夫婦のケースです。Eさんは、いわゆるワンオペ育児をされています。ご主人は、平日は会社に行くかリモートワークで自宅にいても、家事や子どもの面倒などは見てくれません。休日も自分の趣味に費やすことが多く、自室にこもっているか、一人で外出してしまうことが多い。そのことでEさんはストレスがたまっているうえ、この状態が長く続いているので、**「どうせ話しても無駄」「夫は私と話したくないにちがいない」「夫はどうせ何もしてくれないだろう」**と考えています。

この太字になっている部分が、思い込み＝誤解の可能性があるところです。この決めつけがあることで、夫を見るだけで不快になったり、傷ついたり、悲しくなったりします。本心では「夫婦関係を改善したい」と願っていても、それに沿った行動が取れなくなってしまうのです。

そこで今から紹介する感情マネジメントは、この思い込みと、それによるマイナスの感情を書き換えたり、手放したりするために行います。

夫婦関係がもっと良くなる感情マネジメント3-2

「思い込みを手放してみましょう」

夫の言動に条件反射的に傷ついたり、腹が立ったりするのは、あなたの脳の思

い込み回路によって、夫の考えていることが事実かどうかを判断する前に、自分の解釈が先行してしまうからです。

ですからこの感情マネジメントでは、出来事や相手のことを振り返り、事実と自分の解釈を切り分けてマイノートに書き出します。書き出すのは以下の項目です（次頁の書き込みも参考にしてください）。

❶出来事

「それはどんなとき？　何があった？」…事実のみを書き出します。

❷そのときの考え・自動思考

「どのように考えた？　思った？」…頭の中に浮かんだ考えをそのまま書きます。

❸気分・感情

「どんな気持ちになった？」…気分・感情を表現する言葉と、その強さを数字で表します。

❹代わりとなる考え

「他にどのように考えることができる？」…❷で書いた考えとは異なる考えや、そう思える理由を書き出します。

思い込み手放しレッスン	
❶出来事	週末に私用をすませたいので、夫に半日子どもを見ていてほしいとお願いをしたら「無理」と断られた。
❷そのときの考え	夫は私の話など一切聞いてくれない。私の立場や気持ちもまるっきりわかろうとしない。いつも私にばかり子育てを押し付けてなにもしてくれない。私は大切にされていない。
❸気分・感情	怒り(90)、悲しい(80)、落ち込み(70)
❹代わりとなる考え	毎回断られるわけではない。誕生日のときはそれなりに準備してくれた。調子がいいときは子どもと遊んでくれる日もある。
❺バランスのとれた考え	確かにいつも面倒見てくれるわけでもないし、夫は自分の好きなように過ごすことは多いけれど、100% いつもではない。予定がないときは見てくれることもある。夫には夫の事情があったけど、伝える余裕がないだけかも。私もすぐに怒るのではなく、理由や状況を責めずに聞いてみよう。
❻気持ちの変化	怒り(60)、悲しい(40)、落ち込み(20)やる気(50)

❺バランスのとれた考え

「どんなふうに考えられるようになったらいい？」…望ましい考え方に置き換えてみます。

❻気持ちの変化

「どう変わるか？」…❺のように考えられると、❸で書いた感情はどう変化するかを書いてみます。このとき、新しい感情も出てきたら書き加えます。

※❸や❻を書くときは、次頁、次々頁の表にある感情ワードリストも参考にしてみてください。

A.必要が満たされているときに体験する気持ち／感じ

愛情に満ちた
慈愛に溢れた
いとおしい
親しみのある
心を開いた
思いやりがある
やさしい
あたたかさのある

幸福感
至福の
恍惚とした
大喜びする
夢中になる
喜びに満ちた
生命力に溢れた
キラキラした
どきどきした
ウキウキした
歓喜した
外交的な
感謝している
ありがたい
おかげさまの
恩を感じる
感動している
心に触れた
感激の

自信
力がみなぎる
オープンな
開かれた
誇らしい
安心だ
大丈夫だ

熱中
没頭している
はまっている
意識が明晰な
感覚が研ぎ澄まされた
好奇心のある
夢中だ
魅了される
嬉々として
心惹かれる
興味をもっている
興味をそそられる
専心している
とりこになる
刺激される

興奮している
びっくしした
わくわくする
いきいきした
熱意がある
気持ちをかきたてられる
目を奪われる
熱心な
エネルギッシュな
熱烈な
有頂天の

元気な
活力のある
情熱的な
おどろいた
元気いっぱい

望み
期待している
励まされる
やる気のある
楽観的な
楽天的な

喜び
うれしい
楽しい
喜んでいる
幸せな
歓喜している
満足している
愉快だ
ウキウキした
晴れ晴れした

心動かされる
おどろく
感動のある
畏敬の念のある
感嘆する
感心する

平安
おだやかな
明晰な
あかるい
気持ちいい
安定した
満足している
ありのままを受け入れる
達成感
くつろいだ
のんびりした
静かな
リラックスした
解放された
ほっとする
満たされた
平穏な
落ち着いた
ゆるぎない
信頼している

爽快感
さわやかな
活気づいた
元気を取り戻した
生まれ変わったような
休息のとれた
回復した
すっきりした
はればれした

参考：NVCジャパン・ネットワーク

B.必要が満たされていないときに体験する気持ち／感じ

恐怖
危惧する
不安な(感じ)
嫌な予感がある
恐れている
不信感のある
パニック
茫然自失の
こわい
疑心暗鬼の
おびえた
用心深い
心配で

イライラ
むかつく
不愉快
不機嫌
しゃくにさわる
いら立つ
欲求不満な
もどかしい
憤慨する
腹が立つ
不快感のある

怒り
怒っている
激怒している
怒り狂う
いきり立つ
憤然とした
怒りに駆られる
恨み

反感
敵意のある
憎悪のある
悪意のある
恨みに思う
愕然とする
軽蔑した
嫌いな
大っ嫌いな
ぞっとする
鳥肌が立つ
嫌悪感
うんざりした
混乱した
あやふやな
途方に暮れる
困惑する
ぼんやりした
ボーッとする
当惑する
ためらい
まごついた
こまった
悩まされる
複雑な

離別
疎外感
打ち解けない
冷淡な
無感動な
退屈な
冷たい
孤立した
離れた
取り乱した

無関心な
無感覚の
引っ込み思案の

動揺
たきつけられる
危機感
混乱した
どぎまぎした
かき乱された
不安
慌てた
落ち着かない
ショックを受ける
ぎょっとする
ギクッとする
ハッとする
ドキッとする
動揺した
不穏な
居心地が悪い
心配な
神経さわる
不安定な
恥ずかしい
肩身が狭い
歯がゆい思い
おろおろする
屈辱的な
無念な
自意識が強い
打ちのめされる

疲労
燃え尽き感
へとへと

だるい
やる気がでない
眠い
疲れた
うんざり
飽き飽きした
くたくた

痛み
苦悩のある
打ちひしがれる
打ちのめされる
深く悲しむ
胸がつぶれる思い
失恋(のような)
傷ついた
寂しい
惨めな
後悔した

悲しみ
落ち込んだ
意気消沈した
絶望感
しょげ返った
ふさぎこむ
やる気を失う
失望した
くじけた
がっかりした
心が暗い
心が重い
哀れな
憂鬱な
不幸な
惨めな

緊張している
心配している
気難しい
虫の居所が悪い
行き詰まって
心がかき乱された
ぎりぎり
落ち着かない
神経をすり減らした
イライラした
びくびくした
ぴりぴりした
神経質な
圧倒された／参った
集中できない
ストレスにやられた

弱さ
もろい
防衛的な
無力感
不安な
疑い深い
遠慮がち
不安定な

あこがれ
うらやましい
ねたましい
切望する
感傷的な
懐かしい
身を焦がす
切ない

参考：NVCジャパン・ネットワーク

ポイント

この感情マネジメントで思い込みを手放し、バランスのとれた考え方を少しずつできるようになると、夫とも新しいコミュニケーションがとれるようになっていきます。あなたの関わり方が少しでも変わると、夫はあなたの写し鏡のように、様子が違ってくる可能性がおおいにありますよ！　そして、あなたがこうなりたいと思う自分として振る舞えるようになりますよ！

夫婦関係改善コミュニケーション「3ステップ」

当たり前のようですが、良好な夫婦関係であるにはコミュニケーションは不可欠です。コミュニケーションの希薄さは、関係の危機度と比例しています。大事なのは、あなたが怒ったままでいたり、我慢し続けていたりするのではなく、思いを伝えることです。

夫婦なら当たり前、夫婦だから仕方ない、という思い込みを手放し、もう一度丁寧にコミュニケーションを構築していきましょう。

そのための行動を起こす前に、以下のステップを確認しておきましょう。

ステップ1 伝えたい本当の気持ち、言葉を事前に整理しておく

感情的になると、言いたいことがわからなくなってしまったり、本心とは異なる言いたくないことを言ってしまったりする可能性があります。それを防ぐためにも、あなたが相手に何を伝えたいのか、マイノートに書いて事前に整理しておきましょう。整理ポイントは次のとおりです。

□自分の本当の願い、気持ちを書いておく
□思い込みを手放しておく
□相手の立場や気持ちをイメージし、相手の考えも受け入れるこころの準備をする

実際に伝えるときは、相手の立場も考慮に入れながら、伝える内容をわかりやすく、受け取りやすい言葉に変換しておくと良いでしょう。

ステップ2 話をしやすい環境や時間を設定する

せっかく話すことになっても、環境や時間が整っていないとうまくいきません。以下のことを参考にチェックしてみましょう。

□相手は話を聞ける状態か？…忙しくないか、こころのゆとりがあるか

□話しやすい場所か？…お互いにリラックスできる場所か

□お互いに時間がしっかり確保できそうか？…せっかく話し始めたけれど途中で終わってしまわないか

ステップ3 話し合いの見通しを立てる

ステップ2までで、実際に話す準備は整いましたが、いざ本番に向けて、もう一度、以下を参考にこころの準備をしてください。

□話し合いのゴールはイメージできているか？

今回の話で、最終的にどこまで話せたら良さそうか、どんな状態で終われたら良さそうか、ゴールイメージを持っておきましょう。もちろん、そのとおりにはならなくても大丈夫ですが、見通しを立て、消化不良で終わらないよう自分なりの着地点をいくつかイメージしておきましょう。

□自分のこころの準備はできているか？

平常心が保てているか。はじめから投げやりな気持ちではなく、相手と前向きに向き合おうと思えているか。

□相手の反応を観察する余裕はあるか？

相手の言動に反射的に望ましくない反応をしないよう、相手が何を考え感じていそうかを想像しながら話しましょう。もしも相手がイヤな言動をしてきたとき、自分はどう対応するか、事前に決めておいても良いでしょう。

以上の3ステップを準備できたら、あとは、**自分が相手にしてほしいと思うコミュニケーションを、まずはあなたから行っていきましょう。**たとえば、相手にイヤミを言われて傷つくのならば、自分は相手に言わないようにします。「ありがとう」とか「頑張ってるね」と言われたいのであれば、まずは自分から伝えていってください。

「ありがとう」が円満の秘訣

人間関係は「ありがとう」さえ言えれば、たいがいのことはうまくいきます。夫婦が不仲になっていくきっかけは、相手への感謝が薄れることから始まっていると言っても過言ではありません。あなたも、夫に「ありがとう」を言ってもらえないことで拗ねた気持ちになったことはありませんか？

夫婦関係修復の第一歩に、「ありがとう」を伝えることから始めることをオススメします。どんなに些細なことから始めても構いません。

たとえば今まで、ゴミ捨てをしてくれることは当たり前なので、いちいち「ありがとう」などと言ってないかもしれませんね。けれどもゴミを捨ててくれたら、その事実をそのまま言葉にして伝えます。「ゴミを捨ててくれてありがとうね」と。

あなたがどれほど毎日家事をしようが感謝の言葉など聞いてないので、そんな相手に、たかがゴミ捨てくらいでお礼を言うのは癪に触るかもしれません。けれども、その気持ちを超えて、「ありがとうと言ったらどうなるんだろう？」と実験でもするつもりで、やってみてほしいのです。

ほんの少しでも子どもを見てくれたなら、「子どもを見ていてくれてありがとう。おかげで買い物をすますことができたよ」と伝えます。こんな感じです。たった1回かもしれないけれど、オムツを替えてくれたら「オムツ替え、ありがとう！　助かったよ」と伝えます。週末、家族で一緒に出かけられたなら、「今週は一緒に出かけられて良かった、ありがとう」と伝えます。

いかがですか。**どんなに当たり前のことに思えても、相手が何か行動に移してくれたことには感謝の言葉を伝えるのです。「ありがとう」を出し惜しみする必要はありません。**相手が言ってくれないからといって、あなたまで言うことを惜しまないでください。

それでも、今すぐに「ありがとう」を伝えるのは難しい、苦しいと感じる方のために、まずは感謝の気持ちの土台を作る感情マネジメントをお伝えしたいと思います。

夫婦関係がもっと良くなる感情マネジメント3-3

「感謝日記を書いてみましょう」

まずは日常の中で「ありがとう」と思えるセンサーを敏感にするために、マイノートにこんなふうに書いてみてください。

1日の終わりに（できれば毎日）マイノートを開き、今日感謝したいと思う出来事を3つ以上書き出しましょう。はじめは、夫に対すること以外でもOKです。**それがあなたの「感謝日記」になります。**

書き出した項目の末尾には、必ず「ありがとう」の言葉も書き加えましょう。たとえば、こんな感じです。

「今日の感謝日記」

・子どもたちが元気いっぱいに過ごせた、ありがとう
・ご飯を残さず食べてくれた、ありがとう
・電車で座れた、ありがとう
・今日も元気に働けた私の体、ありがとう

・苦手な業務を一緒にやってくれたMさん、ありがとう
・今日も天気がよくて朝からいい気分だった、ありがとう

このように感謝することは、どんなことでもいいのです。人、もの、出来事、自分……。

そして慣れてきたら夫への感謝も書き出します。**「ない！」と決めつけるのではなく、ないと感じても、なんとか探し出してください**（笑）。この感情マネジメントは無理にでもいいから見つけ出すこと、そして「ありがとう」と唱えてみること自体が目的です。たとえば、こんな感じです。

・頼まないのにグラスを洗ってくれた、ありがとう
・保育園に送ってくれた、ありがとう
・疲れていそうだったけど、私の話を聞いてくれた、ありがとう
・外食を提案してくれた、ありがとう
・私の分のお茶をいれてくれた、ありがとう
・家族のために毎日働いてくれている、ありがとう
・今日も無事に帰ってきてくれた、ありがとう

夫への感謝は、それこそどんなに些細なことでも書き出してみます。毎日同じ項目があっても構いません。1日3個以上、夫のことも必ず入れて、感謝日記を書いてみてください。

日記なので、あなたのこころの中だけの言葉です。それなのに、この感情マネジメントは驚くほど効果があります。初めは半信半疑でこの感謝日記に取り組んでくださったママクライアントさんたちも、2週間から1カ月と続けていくうちに、

「今まで感じることができなかった夫への感謝の気持ちが、自然と湧くようになりました」

「不思議と自分の気持ちが穏やかになっていき、それが今も続いています」

「マイノートは絶対に見られない場所にあるから、夫は日記の存在を知らないのに、なぜか最近お手伝いをしてくれるようになりました」

などのご報告をたくさんいただきました。

まずは書くだけで構いません。もちろん慣れてきて、**感謝の気持ちが自然に感じられるようになったら、言葉でも相手に伝えていくことを始めてくださいね。**

夫を最強の味方にする

夫を最強の味方にするためにいちばん大事なことをお伝えします。それは、**どんなに親しき仲でも敬意を忘れず、ここまで感情マネジメントを行ってきた内容、つまり感謝や愛情、本当の気持ちを伝え続けることです。**

実際、ママコーチスクールで感情マネジメントの内容を実践されている受講生さんたちも、どんどん夫婦関係が変わっていきました。いくつか紹介しますね。

◯以前は話をしても反論し合い、ぶつかり合っていました。仕事の話も聞かなくなっていましたが、最近では、職場でのことを相談してくれるようになりました。そして、喧嘩にならずに話をすることができるようになったのです。

私が変わることで、彼が論理的に責めてくることがほとんどなくなったなーとも思います。

◯夫は家族でのご飯や団らんにタイミングを合わせないし、物事の大事にするポイントが私とは真逆だし、すぐ散らかすし……でした。そんな夫のやること、なすことすべてにイライラしていましたが、マイルールを見直してみたり、相手の立場に立ってみたりすることで、そのイライラが緩和されてきました。

○夫とうまくいってないなと思っていたのですが、マイノートに感謝日記をつけたり、セッションを受けたりしてから、自分の考え方やとらえ方が変わってきて、夫への感謝が爆発しました。考え方ひとつで、こんなに変わるのかと驚きです。

どれも、素敵ですよね！　つまり、**とらえ方が変わり、自分自身が変わることで、あなたはご主人の強い味方になれるのです！　そうすると、当然ご主人もあなたの味方になってくれる、**というわけです。

ご機嫌な妻でいる秘訣

夫婦関係が今よりもっと良くなっていくためには、何よりも妻であるあなた自身がご機嫌でいられたら良いですよね。そうは言っても「ワンオペだから余裕がなさすぎて、ご機嫌でいるなんて難しい」「夫の言動が私を不快にさせる」ということがあるかもしれません。

そうだとしても、**相手の態度や状態に巻き込まれるままではなく、あなたがあなた自身を良い状態にして、あなたがあなた自身のご機嫌をとってあげてほしいのです。**

たとえば、こんなシンプルなことからでいいので始めてみてはいかがでしょうか。

・自分の気持ちを最優先にしてあげる
・イヤなことはしない、やりたいと思うことを積極的に選んで実践する
・自分のご褒美タイムを確保する
・好きなものに身を置く（部屋、音楽、着る服、休憩タイム、習いごとなど）

こんなことができるようになったら、次は、自分が夢中になってやれること、やりたい道に向かって、時間やお金を使ってみてください。

相手に不幸にされるのではなく、あなたがあなたを幸せにしてあげること、あなたがあなたの人生を望む方へハンドリングしていくことを始めましょう。そのために、あなたを制限するビリーフ（思い込み、正しいと信じている考え方）を

手放しながら（1章参照）、あなたがこころからやりたいことをやり、笑顔でいられる時間を作っていってくださいね。

そうやってあなたが自分の人生に夢中になって生きいきとし出すと、今まであなたに関心を寄せなかったかもしれない夫も、関心を寄せ始めるかもしれません。そして、あなたの良いエネルギーに感化され、前向きなコミュニケーションをとってくるかもしれません。

ですから、**まずはあなたが幸せになること。夫婦関係を見直すにも、まずはそこから始めてくださいね！**

ママSTORY

離婚寸前！　から夫の良き相談相手にまでなった

ママコーチスクール1期生　T・Kさん(当時、中1のママ)

ママコーチスクールでコーチングに出会う前は、どこか夫が怖く、私の思ったことをそのまま言えない空気感がありました。自分の思ったことをそのまま言ったら、言い返されたり怒ったりする場面が何度かあったので、またそうなるんじゃないかと思うと、結局飲み込んで我慢をしていました。もちろん、夫のことをいろいろ心配はしているけれど、こころから信頼なんてしていないし、互いに気持ちが離れているのも感じていました。とにかくいろいろ空回りしていたんです。

コーチングで自分と向き合ってから、自分がすごく我慢していることに気がつきました。気がついたところから、我慢を少しずつ減らしていきたい、やめたい！という願望が出てきたので、今までは言わなかったことを言ってみたり、無理だと思ったら「無理」と断ってみたり。

また、自分の意見をアイメッセージで伝え、そのとき相手がむすっとしても、自分の気持ちを貫こうと心に決め、進んでいきました。

私は過去の自分、昔の自分が大好きだったのですが、いつからか、私の性格やこだわりを周りや夫に否定されることで、その自分にダメ出しをするようになっていき、自分のことを好きではなくなってしまったんです。けれども、そんな自分を手放し、ＯＫを出そうと決めました。そして、自分が大好きだったことを思い出すよう意識を変えていきました。

すると、そう決めてからは夫の前でもどこでも「私って○○な人間だから〜！」と笑って言えるようになっていきました。

ワークでは、自分の気持ちと相手の気持ちを感じることができたので、夫のこころに寄り添うことができました。ただ上辺だけで怖い、ムカつくと思っていたけれど、こんなふうに思っていたんだ、ごめんね……そんな思いまで出てきて、衝撃を受けました。こうした学びやワーク、自分の決心などを通して夫婦関係は劇的に変化していったのです。

ママコーチスクールを卒業してから2年、じつはその後、私たち夫婦にはいろいろなことが起きました。しかし、問題が起きたとき、自分の気持ちをすごく大切にすることができて、自分の意見をはっきり言えました。結婚して初めて大声で怒鳴りながら自分の意見を言い切ったときは、相手が驚いたのはもちろん、自分がいちばん驚いていました。

私、ここまで強くなったんだ……と、何か大きなものをこの手で掴んだ感覚でした。それは、本当の自分に戻っていく、そんな感覚だったのだと思います。そうしてたくさんの学びを積み重ねたことで、以前が嘘のように穏やかな関係になり、互いの意見を伝え合ったり、譲歩し合ったりしています。今でもぶつかるときはあるけれど、私も夫も素直に気持ちが言えるようになり、穏やかな関係になっています。

昔はどこか私を下に見てバカにしたような態度だった夫が、今では、「ちょっと話聞いてほしいんだ！」と相談をもちかけてくるほどになりました。夫婦であっても、上下ではない。対等で互いを尊重し合える関係……これが私の一番の望みだったのだと実感しています！

4章

「ママ」から「私」へ！幸せになる私をつくる

——自分らしく生きられていないと感じているあなたへ

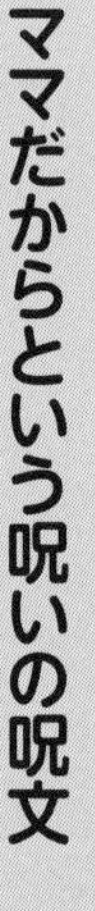

ママだからという呪いの呪文

あなたはママになって以来、それまで生きていたはずの、ママではない「あなた個人」の人生を生きられていますか？　ママになると、生活の中心は子ども・家庭になり、それまで持つことができていた自分だけの時間やエネルギーの多くが犠牲となります。それは、**こころも時間も母親であることを優先することから起こってきます。**

私はそうでした。大きな仕事を手放し、お酒も自由に飲めなくなり、趣味も睡眠時間も減っていきました。でも、それは仕方のないこと。子どもを産み育てるという選択をしたのは自分だから、母親としてその責務を全うするのは当然のつとめです。

一人の女性だった私は、「母親であること」が最優先タスクとなり、人生の時間の使い方はガラリと変わりました。それはそれで幸せな人生ではあったけれど、どこか一人の女性としての人生に虚しさというか、喪失感を覚えてしまったのです。

その時代の私はいつも、「ママだからできない」「ママだから時間なんてない」「ママだから我慢するしかない」……、ママだから、ママであるせいで、一事が万事、そんな感じでした。正直、多くのことを諦め、この先もママ以外の何者にもなれないであろう自分にガッカリしていました。

もう、ママ以外の未来なんて想像もできなかったのです。残りの人生の時計の針はこうして淡々と進んでいくだけなのだと。

あなたはいかがですか？　ママだからと、たくさんのことを諦めていませんか？　けれども、もうそんな言い訳はやめにしませんか？　思い出してください。私たちはママである前に一人の女性です。一人の女性として幸せに生きるために生まれてきました。ママになったのは、その選択肢の一つでしかありません。

ママという職業に就いたって、自分のやりたいことを諦めなくたっていいし、一人の女性としてこころから望んだ人生を手に入れていいのです！　そんなふうに生きるために、あなたに手に入れてほしい大前提の考え方があります。

それが**「私は人生の主人公として生きる」というマインドをもつことです。**

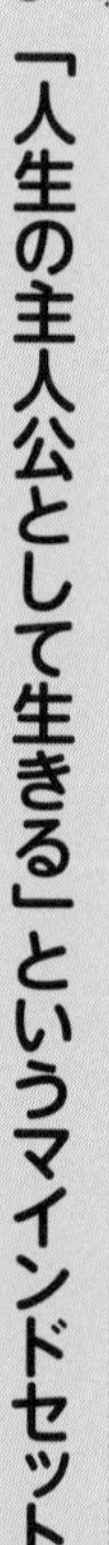

「人生の主人公として生きる」というマインドセット

私が学んだアドラー心理学では、「あなたの人生の主人公はあなた自身である」といいます。私自身、この言葉に出合い、生き方が変わりました。

この言葉に出合う前の私は、ずっと「人生は思いどおりにはならないものだ」と思っていました。「私が愚かだから、こんな目にあうんだ」「私がつらいのは、あの人のせい」「ママになることを自分で選んだのだから、仕事は諦めなくてはいけない」そんなふうにいつも環境のせい、役割のせい、誰かのせい、ダメな自分のせいにして、目の前に起きる出来事をただ受け入れていくしかなかったのです。

そんなふうなので、失敗しないようにとか、嫌われないようにと立ち振る舞うことにエネルギーを使い、自分の気持ちなど二の次、三の次だった気がします。けれども、「あなたの人生の主人公はあなた自身である」という言葉に出合い、人生のとらえ方、生き方がガラリと変わったのです。

「ママだからできない、仕方ない」という、わが子の人生の脇役から、「ママでも

あり、妻でもあり、一人の女性でもある自分は、どう幸せな人生を生きるか」という人生の主人公マインドにシフトチェンジできた瞬間が私に訪れたのです。

人生の主人公として生きる、というのはつまり、誰かの人生の脇役ではないということ。誰かの目を気にしたり、自分の価値や評価を他人に決めさせたりするのは、自分が誰かの人生の脇役になっていることそのものです。

たとえば会社の上司や同僚、ママ友の中には、気が合わず、あなたを傷付けようとする人がいるかもしれません。けれども、望ましくない評価や判断をしてくる人は、その人の人生の中であなたを都合のいい存在にさせようとしているだけです。あなたを勝手に利用しているだけです。

なぜ、そんな人のために「嫌われないように」と、自分のこころを犠牲にしてまで生きようとするのでしょうか。あなたを傷つけたり、あなたを苦しく振り回したりする人に、あなたの人生の操縦桿を握らせてはいけません。あなたの人生に、他人からの勝手で不当な評価は不要です。不要なものなのにそれを鵜呑みにして、自分の人生を侵食されてはいけません。

あなたの評価はあなた自身が決めればいい。あなたはあなた自身のために幸せ

になるのです。だからあなた自身が心地良い生き方ができるよう、環境も、人も、思考も、あなたが自分で選ぶのです！　あなたが人生の主人公として、あなたの人生のステージで輝いて生きるためにも……

まずは、「人生の主人公として生きよう」と決めることからスタートしてください。

悩みから抜け出す方法

あなたがあなたらしく生きるために、答えの出ない悩みの淵から抜け出す必要があります。そのためにはまず、「どうしたらいいの？」という思考をやめましょう。

悩みというのは大抵、終わってしまった過去のことを悔やんでいるか、人間関係のことか、まだ見ぬ未来への不安だったりします。なので、悩まない体質になるには

・人間関係に振り回されない

・過去や未来のどうにもならないことにいつまでも不安を寄せない

ということが日常的にできるようになればいいのです。

くよくよ悩んでいるとき、あなたの脳内ではどんな言葉が浮かんでいますか？　たいがいはため息とともに「どうしよう」「どうしたらいいの？」という言葉が浮かんできませんか？

この「どうしたらいいの？」という言葉が、まさにあなたを苦しめるネガティブ思考です。この問いかけをしたところで、正解には辿り着けません。たとえば、「私、どうしたら幸せになれるの？」と問いかけても正解はわからないですよね。神様は答えを教えてくれません。

一人の人間として、こころから幸せな人生を手に入れたいのであれば、「どうしたらいいの？」ではなく、**「私は、本当はどうしたい？　どうだったらいい？」と、自分のこころに問いかけ続けてください。**

そのとき、大切なのは「できるか、できないか」を考えず、こころから「本当はこうしたい」「本当はこうだったらいいのに！」を思い描くことです。そしてこれは、誰かの基準や誰かの評価に合わせた答えではなく、あなたがこころから望む願いでもあります。

でも、「そんなこと言っても、どうせできないよ」「人の目を気にしないなんて、私にはできない」なんて言葉を、自分にかけていませんか？　お気持ちはわかるのですが、その思考をストップしないかぎり、本当に幸せと感じられる、あなたが欲しい未来は手に入りません。

「どうせ」「～だから」の自責・他責はもう卒業しましょう。

自分軸を持つということ

「本当はこうなりたい」という自分の願いに気づくことができたら、それがいわゆる**「自分軸」**になってきます。たとえば、「私はコレを大切に思って生きている！」とか「私は何がどうあろうと、こう在りたい！」という、**誰になんと言われようと譲れない、自分にとっての絶対的な価値観、在り方**みたいなものです。

あるいは、何かを判断するとき、「他人がどう思うか？」「周りにどう思われるか？」を基準に考えるのではなく、「自分はこうありたい」という自分の思いを大切にして考えたり、判断したりします。

まさに「人生の主人公として生きる」ことと同義ですね。軸＝being＝在り方です。それは、まるで暗闇の海を照らしてくれる灯台のようなもの。私の人生の道標。それこそが、幸せな私を作る軸になるのです。

なぜ自分軸が大切なのか？

もう少し自分軸のことを考えてみますね。自分軸をしっかり持てると、

・いろいろな出来事や、周りの人にふりまわされず、自分らしくいられるようになる

・正解を外に求めず、自分で出すことができる

・自分だけでなく、相手も大切にできるようになる

そんなふうに生きることができるようになります。

そのために絶対、手放す必要がある感覚があります。それは「他人の影響を受けすぎてしまう」「他人の目を気にしてしまう」という感覚、いわゆる「他人軸」

です。

実際、そういうお悩みがある方は多く、私が出会うクライアントさんのなかにも、「人の目が気になって自分らしくいられない」という方が一定数いらっしゃいます。

たとえばママコーチスクール卒業生のMさん。受講前は、とにかく自分に自信がありませんでした。自信がないから人目を気にする。人にどう思われているのかが気になり、相手に合わせたり自分というものを隠したり、自分の本心とは違うことを選択したりする。その結果、当然あとで悔やむことも多かったのです。

相手の顔色を伺い、嫌われてないかな、嫌われたらどうしよう……と、とにかくいい人でいようとしていました。ですから、相手が笑ってくれたら、喜んでくれたら、それが嬉しかったというのです。

「でもその影で、自分が我慢すればいい、そんな思いが無意識に根付いてしまっていた気がする。いつも『私』はどこかで置き去りになっていたかもしれない。人と自分をすぐに比較して、できない自分にダメ出しをした。

相手を羨ましいと思い、どうせ私は……と投げやりになったり、諦めたりしていた。ちゃんとできる私、しっかりしている私、優しい私、でないと周囲に認めてもらえないと思っていたのです」

と話してくれました。

そんな彼女も、半年後、自分を否定したり、卑下したりすることなく、今の自分を受け入れられるようになったと言ってくれました。

「過去を悔やむのではなく、過去の道のりがあったからこそ今の私がいると、それまでのことを私の人生にとって、かけがえのない出来事だったととらえられるようになりました。今を認められると、今とこれからをさらに輝いたものにしたいと思うようになりました。

すると、今まで諦めてしまっていたこと、どうせ私は……といじけていたことに対しても、私にできることをやってみようと思えるようになり、挑戦してみたくなりました。

それは、これまで自分を認められなくて、こんな私じゃいけない、変えなくちゃ、となっていたころとは明らかに違います。今を受け止められたからこそ、もっと良くなりたいという気持ちが湧き上がってきたのだと思います。

私自身の仕事や生活のなかで、『〜だからうまくいかない』と思ったとき、それって100%本当？　絶対って言える？　と考えることが増えました。とくに、自分と相手とで考えが違ったとき、そう思うことで気持ちを立て直すことができます。また、私はこう考えるけど、そうじゃない人もいるよね、と思えることが増えました。

おかげで、ずいぶんと気持ちがラクになった感覚があります」

こんなふうに言えるまで変化と成長を遂げられたのです。ママコーチスクールを卒業されたときの彼女の眩しい笑顔は、私の宝物です。

他人軸になってしまう理由

さて、人はどうして他人の目が気になったり、人と比べて自分らしくいられなかったりするのでしょうか。ズバリそれは、**他者に自分の評価を委ねているからです。**もっというと、他人に自分の価値を決めさせているということです。

おそらくそういう思考になってしまうのは、ご自身の幼少期や育てられ方にも要因はあるかもしれません。親から常に頑張ることを求められたり、他の子と比較をされたり、褒めてもらうことがなかったり……という場合は、そういう傾向が多い気がします。

とくに長女の場合は、厳しく育てられることが多く、知らずしらずに「いい子」でいようとしてしまうので、人に迷惑をかけないようにとか、人がイヤな思いをしないようにと周りのことばかり気にして顔色を伺い、自分を犠牲にしながら頑張ってこられた方が多いと思います。

でも、そのために味わってきた生きづらさを「過去のせい」「親のせい」にし続けていては残念ながら、いつまでも幸せになれません。この本を手に取ってくれているということは、あなたはもう、そういった過去にとらわれた生き方を手放す時期に来ているのではないでしょうか？

なぜなら、私たちは幸せに生きるために生まれてきたのだし、今この瞬間からも幸せになるために自由に生きていいはずです。誰の許可もいらないし、誰の評価も関係ありません。幸せになるのはあなたの権利であり、義務でもあるのです！

そんな生き方ができるようになるためにも、あなたが自分軸で生きることができるよう感情マネジメントを行っていきましょう。

幸せな私をつくる感情マネジメント4-1

「自分軸を習慣化してみましょう」

まずは、自分軸の第一歩として自分の望む選択をする練習をします。

私たちの毎日は選択の連続です。朝、目が覚めて、洗顔してから水を飲むか、飲んでから洗顔するか。午前中に郵便局に行くか行かないか。掃除機をかけるかワイパーですませるか。夕飯の買い物をするか、冷蔵庫にあるものでラクにすませるか。そうして選択し続けた結果が、人生そのものになっています。

だからこそ、**自分で決める力（自己決定力＝自分軸の力）が大切です。**その力を育てるには、**毎日の生活をただ無意識に過ごすのではなく、常に「私はどうしたい？」と問いかける癖をつけてください。**

たとえば、「今日のランチ、どうしよう？」と迷ったとき、「自分で作るのか、外で食べるのか」を自分に問い合わせてください。「今日は気分を変えたいから、外で食べよう」なら、そのとおりに行動します。

あるいは、「今日は掃除機をかけなきゃ」と思ったら、「今日、掃除機かけたいの？　かけたくないの？」と自分に問い合わせてください。「今日は疲れているから、本当は今日ではなく明日以降にしたい」なら、そのとおりに行動します。

要は、「やるべき」「やらねば」で行動するのではなく、やりたいことをやり、やりたくないことはやらない。そうやって、自分の本当の願いに敏感に気づき、そこに応えてあげられる自分になっていきましょう。

これは「わがまま」とは異なります。「自己決定」です。国連の世界幸福度報告書によると、幸福感を決定する要因として「健康」「人間関係」の次に影響力が高いのは「所得」や「学歴」などではなく「自己決定」であるという結果が出ています。自分で人生の選択をすることが満足度を高め、幸福感を高めることにつながる、ということです（参考：https://www.rieti.go.jp/jp/publications/summary/18090006.html）。

朝起きてから夜眠りに着くまで、「私はどうしたい？」と常に問いかけ、本当に望む答えを出す練習をしてください。

人生を切り拓く力

自分軸で生きることができる、自己決定が当たり前にできると、毎日が自分らしく生きられるようになります。自分の意思で生きているので、誰かのせいにしたり、憎んだりする気持ちもなくなります。そんなふうに生きられる自分のことが好きになれますし、相手がそのように生きることを大切にできるようになります。

言い方を換えると、「できるか、できないか」で決断するのではなく、「やりたいか、やりたくないか」で決めるので後悔もしませんし、どんどん挑戦ができるようになります。

そうして、**あなたがあなたの人生の操縦桿を握れていると感じられれば、人生はどんどん切り拓かれていきます。**

幼いころから失敗することが嫌いだった私は、いつも「自分にできそうなこと」だけ選んでいました。受験も、就職も。そうやって、なんとなく無難な選択をしてきたので、不意にイヤなことがあると、「なんでこんなことになっちゃうの？」と嘆いていました。自分の人生がコントロールできていなかったのです。

けれども、「人生の主人公として生きよう」と決めたところから、常に「私は、どうしたいんだろう？」と考え、自分で選択して生きるようになりました。

たとえばプロコーチになって間もないころ、幼稚園から１００人近い規模の講演依頼がきました。以前の私だったら、「こんなの、今の私にはできっこない！絶対に無理！　別の人を紹介しよう」と思っていたでしょう。

でもこころの奥では、「本当はこんな大きな仕事をできる自分になりたい」と願っていたのです。私は自分の本当の願い「上手にできないかもしれないけど、やりたい！」という思いに従い、そのご依頼を引き受け、無事にやり遂げることができました。

その経験は私の大きな財産・自信となりました。そして、その仕事を引き受けた私はまた一つ大きく成長し、そのレベルのお仕事を自然に受ける自分になることができたのです。あのとき、それまでのように無難な考え方で断る決断をしていたら、別の未来になっていたにちがいありません。

このように、自分軸で生きられるようになったときから、私はブレることなく、人の目も世間体もたいして気にせず、自分を幸せにすることに全力を尽くせるようになりました。

選択に迷うときも、「私はどうしたい？　どうありたい？」と自分に問いかけ、本心から望む答えに寄り添った決断をしています。これは、いったん腑に落ちてしまうと、とっても簡単にできるようになりますよ。

恐れることは何もありません。**あなたがママとしてだけではなく、自分自身の人生の主人公として生きられる自分軸で行動してください。**自分軸は、あなたが自分らしく穏やかに解放的に生きていくのに、なくてはならないものなのです。

「自信がない」世界から引っ越そう

よく「自信がありません」という言葉を聞きます。「自信がある」ってどういうこと（状態）だと思いますか？　何かに対して、それが得意なら自信がある、不得意なら自信がないって言ったりしますよね。そのように何かが「できる」、「得意である」ことが自信につながっているようです。

それはそれでいいのですが、こう尋ねたら、どんなふうに考えられますか。「その『できる』状態が『人よりも』できることじゃないと、自信を持てないと思っていませんか？」「あなたは、自分の得意なことをいくつあげられますか？」「あなたは、自分の長所を10個以上あげられますか？」

自信がない人は、得意なことや長所があげられないとおっしゃいます。とても自己評価が低いのです。

かろうじて「これは少し得意かも」「長所かも」と思い浮かべても、「いやいや、私よりも得意な人はもっといる。あのママと比べたら私なんて、あれもこれもできないダメなママだ」と、漠然と自分よりも素晴らしい人間を思い浮かべ、比較してしまいます。

自分はその人（世の中のできる人）よりも劣っているので、やっぱり自分が少しくらいできると思っていたことも得意とはいえない、そもそも長所なんていえるもんじゃない、と考えてしまいます。

これでは、誰だって得意なことも長所もないことになってしまいます。

私たち人間は、幼いころからいつもこころのどこかで、自分に何があるかを探しているのではないでしょうか。自分にどんな才能があるか、自分にどんな長所があるか、自分にどんな使命があるか……。けれども気がつくと、自分に足りないものばかりに目がいくようになります。

人はどうしても欠けているところに目が行き、その欠けているものを埋めたくなる性分です。でも簡単に埋めることができないから、自分を責めたり、他人を羨んだり嫉んだりすることになります。埋めることができず、足りない自分を自覚したから自信をなくしていくのだと思います。

その結果、自信がない、自分を信じることができないから他の誰かや外に正解を求める、ということになりやすいのです。そうなると、人の目や意見に振り回されるようになり、日々、ストレスだらけの生活が続きます。自分らしく生きるなんて程遠い精神状態になってしまいます。

でも、本当の自信ってそういうことなのでしょうか。自信とは、何かと比較して優越な自分を誇りに思えるこころの在り方ではありません。文字どおり**「自分を信じる」こと、「自分で自分を信じる」ことです。**

誰とも比較せず、自分が得意だと思えば、それでいいのです。その得意なことを楽しめばいいのです。誰かと比較することは何の意味もないのです。

誰かと比較することは、優越感や劣等感を感じる材料にすぎません。それ以上でも以下でもありません。ならば、そんな**意味のない考え方に振り回されるのを止めて、自分で自分の価値を見出していくほうがいいと思いませんか。**

人は考え方も意見も、能力をはかる物さしも価値観も違うのが当たり前。同じ訳がないのです。つまり自分は人とは違うのが当たり前。素晴らしさも違う。好きと思うことも、嫌いと思うことも違う。その違いを受けいれられると、怖れはなくなっていきます。他人の評価は気にならなくなります。

自分のいいところはここだと思うなら、それを大事にしてください。人がどう評価しようが、得意と思っているところを出していけばいいのではないでしょうか。そして、**一日も早く、「自信がない世界」から引っ越してください。**

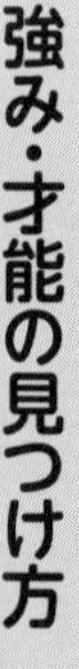

強み・才能の見つけ方

自分の良さや未来を信じる力にもなるのが、あなたの強み・才能です。それを理解することも、自己実現の達成におおいに役立ちます。ところが、悩みを抱えがちだったり、自己肯定感が低かったりすると、こうした自分の強みや才能が見えにくくなります。そういった方に「あなたの良いところは?」と訊ねても、「ほとんどない」「思いつきません」と答えます。

でも、それは本心からの答えではありません。本当は誰でも、自分固有の強み・才能があるはずだとこころの底では思っています。自分の良いところを見て見ぬ振りをしているだけなのです。そうなるいちばんの理由は、常に自分と誰かを比較しているからです。

「あの人と比べたら、自分なんて全然才能がない」「あの人と比べたら、こんなのすごくない」そんなふうに無意識に誰かと比較し、自分を貶めてしまう癖があるのです。

でもあなたが本当に幸せに生きる方法を手に入れたいと思っているのであれば、今すぐ比較をすることをやめてください。その比較は、あなたの人生に何も良いことをもたらしません。

私があなたにお伝えしたいのは、あなたが人生の主人公として、自分らしく幸せに生きる力を身につける方法です。あなたが人生の主人公として、主体的に自分軸を持って生きられるようになるためには、自分を貶める他者との比較は不要です。

本当に必要なのは、あなただけの強みに気づき、それを大切に扱うことです。「私にはこんな強みがあるんだ！」「私にはこんな素敵なところがあるんだ！」と、誰とも比較せず、あなたそのものを受けいれてください。そして、そんな自分を大切に抱きしめてください。

あなたは世界で唯一無二の存在です。そのことに早く気がつき、あたたかい眼差しで、あなた自身を受けいれてください。

そのために、次の感情マネジメントを活用してみてください。

「強み・才能を発掘してみましょう」

以下の点について思いつくことを、次頁の書き込みも参考にしながら書き出してみてください。

❶自分ができると感じているスキルは？（語学力、専門知識、資格、ピアノ、スポーツ、仕事経験など）
❷頑張らなくても当たり前にできることは？（趣味、手芸、料理、パソコン、事務や単調作業、スポーツなど）
❸時間を忘れるほど夢中になれることは？（食べる、寝る、歌う、奏でる、読む、書く、発信する、喋る、映画を観るなど）
❹現実世界で自分が乗り越えてきた試練は？（人間関係の試練、技術を身につける試練、容姿のコンプレックスなど）
❺性格の強みは？
❻人から褒められたことは？（幼少期、学生時代、社会人時代、現在にいたるま

強み・才能発掘レッスン　書き方例

❶自分ができると感じているスキルは？

パソコン（オフィス系、特にエクセル得意）
簿記△級、秘書業務△年
華道、ピアノ
バドミントン得意
海外でヒアリングでなんとなく会話通じる
リサーチも得意

❷頑張らなくても当たり前にできることは？

人の話を聞くこと
段取り、スケジュール調整、根回しなど
初対面の人とも苦なく喋れる
ルーティーン作業が得意
お菓子作り

❸時間を忘れるほど夢中になれることは？

刺繍、刺繍のデザイン考える時間
映画見続けられる
親友との会話
子どもの部活の応援

❹現実世界で自分が乗り越えてきた試練は？

・幼少期の習いごと、大変だったけどやり切れた（10年）
・中学時代の厳しい部活、上下関係、やめた人が多い中、私は最後までやり抜けた
・秘書時代、苦手に感じたこともなんとか頑張って評価してもらえた

❺性格の強みは？

忍耐力　継続力
親切心　穏やか
愛情　飽きっぽくない
社交性　真面目　素直

❻人から褒められることは？

素直　優しい　穏やか
真面目　いつも一生懸命
話しやすい、相談しやすい
笑顔がいい　一緒にいると安心する
センスがいい

❼これから、どの強みを活かしていきたい？

素直　継続力　美的センス　社交性　忍耐力

❽現状の悩みや課題に対して、活かせそうな強みはある？どんな場面で？どうやって？

専業主婦で終わるのが嫌だ、いつか好きな仕事で起業したいと思っている。

まずはコーチングをしっかり身につけ、つぎはビジネスについて学ぶ。目標を叶えるまで、真面目さや継続力、忍耐力が活かせそう。プラス、コミュニケーション力を伸ばし沢山の仲間やビジネスの先輩と交流して、成長したい。これまで辛いことも乗り越えてこれたので、ビジネスを作るうえでも乗り越えていく力になる！（と信じる！）

で、能力や性格など）

これらが書けたら、次は、

❼これから、どの強みを活かしていきたい？

❽現状の悩みや課題に対して活かせそうな強みはある？

あるとしたら、どんな場面で？　どうやって？

については、表を参考にしながらマイノートに書き出してみてください。

このとき大切なのは、あなた自身があなたの中にある強み・才能を見つけようとする気持ちです。**はじめから「私には何もない」と決めつけるのではなく、大切な親友に、その人の良いところを伝えてあげるような気持ちで、あなた自身の良いところを探してみてください。**

このことに関連して、アルフレッド・アドラーはこう述べています。

「どんな能力をもって生まれたかはたいした問題ではない。重要なのは、与えられた能力をどう使うかである」

ないものねだりをして、「自分にはなにもない」と諦めてみても、本当はそれを探しているあなた自身のこころは満たされないでしょう。他と比較して、ないものを探すのではなく、一つでもいいし、たいしたことがなさそうと思ったとしても、それでも「あるもの」に目を向け、「私には私のよさがある」「私だからできることがある」と言葉に出して言ってみてください。

それが自分に与えられた大事なものだと思った瞬間、それこそ自分だけの強み・才能になります。その気づきから、前向きで穏やかなこころが動き始めますよ。

未来の記憶を作る

もしもあなたが今の人生に満足していないのであれば、これまでお話ししてきたように、自分の感情を押し殺したり、諦めたりしてきた結果かもしれません。でもそれは、過去に問題があるからでも、未来に希望がないからでもありません。大切なのは今、あなたがどう生きるかです。**あなた次第で、あなたが願う理想の未来に向かって生きることができます。**

そのために、ここでは「未来の記憶」を作る方法を紹介します。それは、いわゆる「目標設定」とは異なります。

じつは私は、幼いころから夢を聞かれることが嫌いでしたし、目標をもつことも苦手でした。夢は才能がある選ばれた特別な人間が描くもので、自分のような何の取柄もないどころか、コンプレックスだらけで、母子家庭で育っているような子が、夢なんて持っても仕方ないと感じていたのです。それは、大人になってからも続いていました。

ですから、会社で目標設定をさせられるのが苦痛で仕方ありませんでした。そもそもセルフイメージが低いうえに、目標なんか掲げたところで、達成する自信もない。達成できなかったとき恥をかくだけじゃないか。

そんなふうに思って生きてきた私が、コーチングに出合ってからというもの、周りのコーチたちに何度も何度も「望むゴール」を尋ねられました。「本当はどうだったらいいの?」「制約なくワクワクする未来を描くんだよ!」と言われ、答えなければ終わらないので、はじめは渋々絞り出していました。恐る恐るというほうが正しいかもしれません。

そんな私が、コーチングセッションを受けながら、「自分がスクールを卒業した数年後、私のように子育てで悩んでいるママたちのためにコーチングをするお仕事がちょっとでもできたらいいかな」と答えていたのです。

すると、続けてこう尋ねられました。「それはどんな形でかなっているの？」「周りには誰がいる？」「よう子さんは、そこで何をしているの？」「夢が叶ったよう子さんは、どんな表情をしている？　周りのママたちは？」

私はつい乗せられて、未来の夢が叶ったシーンを語り始めていました。当時の私は正直、その未来が実現するとはまったく思えていませんでした。どうやったらそこに辿りつけるかも想像がつきませんでした。けれども驚くことに、それからわずか2年後、そのごとく実現したのです。

それ以来私は、ことあるごとに、未来を思い描くようになりました。ただ想像するのではなく、制約をかけず、ワクワクと胸が躍るような未来ばかりを描くようにしたのです。おかげで私は、コーチングに出合って10年、さまざまな夢や目標を叶え続けてきました。

コーチという仕事を選んだときから、いつかママのためのコーチングスクールを立ち上げたい、という夢も叶いました。そして多くの受講生さんに恵まれ、ママたちに幸せな生き方を伝えることができています。また、絶対自分には無理なのではないかと思った公認心理師の資格も取得することができました。

それだけではありません。この本だってその一つです。「いつか本を出したい」そんな大それた夢を口に出せたときから、実現に向かいました。

こんなふうに夢や目標を実現できたのは、もちろん私だけではありません。出会ったクライアントさんたち、受講生さんたちが次々と描いた未来の夢を叶えていく姿を、目の当たりにしています。

たとえばママコーチスクール受講生のTさんは、ワークのときに、子どもたちにはいずれ海外で勉強してほしいことや、海外に移住するという夢を、未来予測で描かれました。そのアイディアが出てからは、親子留学を目標に掲げられ、定期的にコーチングを受けながら実現に向けてタスクマネジメントをされていました。

結果、Tさんは約1年後、小学生二人のお子さんを連れて海外に親子留学をされました。Tさんは「コーチングのマインドがあったからこそ、目標をぶらさず、実現に向けて迷わずに進めました！」とおっしゃっていました。

コーチングのワークやセッションでは、「本当はどうなりたいのか」「どんな未来に生きていたいのか」を、ありありと描きます。ドラマのワンシーンを撮影できるくらい、その情景を思い描きます。

想像すると感情が動いて、涙がこぼれたり、思わず笑みがこぼれたりしてしまうほど、その未来の世界に没入します。**未来は具体的に描くほど、確実に近づいてくれます。感情が動くほどリアルに想像すると、叶いやすくなります。未来は描いた者勝ちですよ！**

幸せな私をつくる感情マネジメント4－3

「未来記憶を作ってみましょう」

ステップ1 未来を描く

あなたがこころから叶えたいと思う、数年先の未来を描きます。できる、できないを一切考えず、制約のない未来です。

・まずは何年後の未来かを決めます。

・実現していたい場面を特定し、具体的に文章で書き出します。書く際に、季節・場所・着ている服・周りにいる人などの状況・あなた（あるいは周りの人）は何をしているか・どんな言葉を喋っているか・どんな表情でいるのか、などを思い浮かべながら書いてみましょう。五感を使って、目に見える風景、聴こえる音、匂い、体感までイメージできると最高です。

まるでその場面を体験しているかのように、どれだけリアリティをもって臨場感たっぷりに想像できるかがカギになってきます。これをビジュアライゼーションといいます。これによって、脳がその未来を実現可能なことと判断します。

脳がそう判断すると、それまで仮に「できっこない」と思っていたとしても、「できるかもしれない」という意識に変わり、実現するための方法や行動にアンテナを立て始めます。

すると今までよりも可能性を信じることができるようになり、抵抗感を持たずに新しい選択と行動を取れる自分に変化します。

ステップ❷ ヒーローインタビューに答える

すでにその未来が叶ったつもりになって、ヒーローインタビューに答えましょう。次頁の書き込みも参考にして、以下のインタビュー質問に答えを書いていってください。

「夢が叶った今、どんな気持ち?」

「家族や、周りの方はそんなあなたを見て、何と言ってくれていますか?」

「どうしてあなたの夢は叶ったのですか?」

「そのなかでも、とくに夢が叶った秘訣を一つ言うとしたら、それは何ですか?」

「○年前のあなた自身に、夢が叶ったあなたから、何を言ってあげたいですか?」

いかがですか? 私はこのワークをくり返すことで、たくさんの夢を叶えてきました。

ちなみに、ステップ❶をやるだけでも効果があります。感情と脳を使って、本当に望む未来をあなた自身が摑んでいきましょう!

未来記憶とヒーローインタビュー　書き方例

❶3年後に制約なく叶えたいと思った状況、生活、場面

3 年後、子どもたちは△歳と口歳になっている。子育ての悩みもなく、穏やかに笑い合える毎日。私は趣味だった刺繍が、仕事としてやれている！
作品を SNS にアップすると、毎回 200 以上のイイネがつく。作品のオンラインショップが軌道にのって、毎月数万円の定期収入に♪

刺繍雑誌からのオファーが飛び込んできて、私の作品が掲載されたり、キット販売のデザインや見本作成の依頼がきていたりする。

念願だった手芸教室の講師依頼もきて、満員御礼 !! いよいよ自分のサロンを持つことに！

❷夢が叶った今、どんな気持ちですか？

最高に嬉しい！ 3 年前はまさか本当にこんな未来が待ってるなんて想像もできなかったけど、叶えることができた！私もやればできるんだ。人生の中で今が一番充実しているし、自分のことが大好きって思える！

❸家族や、周りの方はそんなあなたを見て。何と言ってくれている？

（子どもたち）ママよかったね、すごいね！ 本当に夢を叶えたんだね。ママかっこいい！

（夫）今までで一番輝いてるね。ちょっと尊敬する（笑）これからも頑張って！

（親）よく頑張ったね。あなたのことを誇りに思うよ。

❹どうしてあなたの夢は、叶ったのですか？

コーチングと出合えたから。あのとき、制約なく夢を描いて、それを口に出したから。どうしたら叶うかを考え、一つひとつ乗り越えて行動できたから。応援してくれる家族や、仲間がいたから。

❺その中でも、とくに夢が叶った秘訣を一つ言うとしたら、それは何ですか？

どうしても叶えたい！って思い続けて、自分を信じて諦めなかったから。

人と比べたりしないで、自分らしく行動し続けたから！

❻3年前のあなた自身に、夢が叶ったあなたから、何を言ってあげたいですか？

ここまでこれたよ！ それはあなたが信じて頑張ってくれたからだよ！本当にありがとう！今は不安かもしれないけど、私はここで待ってるよ。大丈夫、あなたならできる。だから人を頼り、自分を信じ、ここまでくるんだよ！！

未来の理想の自分として生きる

本当に叶えたい未来や、あなた自身の理想の状態が描けたら、それを実現し幸せな女性として生きるために、最後にこの方法を試してほしいと思います。それは**「未来の理想の自分として生きる」**ことです。

あなたが今「どうしようかな」と悩んでいるときや、こっちを選ぶか、あっちを選ぶか迷ったときは、**未来の理想の自分として、どうするかを想像し、答えを選択してみてください。**

現状の自分と変わらない考えを採用したり、無意識にとってしまう行動のままだったりでは、結局今日も明日も現状維持です。未来は昨日と変わりません。**あなたの未来は、今のあなたの思考と行動が作り上げます。**

ということは、未来のなりたいあなたが逆算して選んだ思考と行動をとっていけば、当然未来はそのようになっていきます。

そうしていると、未来のあなたがどんどん強い味方になってくれます。**未来の**

あなたは間違いなくあなたの味方なのです。あなたを導いてくれる存在なのです。

あなたの可能性を、あなた自身が信じてあげられていますか？

あなたがあなたを信じることをやめたとき、誰があなたの夢を叶えてくれるのでしょう。**あなたがあなたの最高の味方として、あなたを幸せにしてあげてください ね！**

ママSTORY

自分にはなんの取り柄もない、この先何がしたいかもわからなかったのに、大きな夢を見つけて動き出した

ママコーチスクール2期生　M・Nさん（当時9歳・7歳のママ）

娘二人が小学校へ上がり、これから少しずつ自分の時間がまた持てるようになっていくことが見えてきて、「自分のこれからはどうしよう…？」と考え始めていました。でも私は専業主婦だし、何がしたいかわからない、とくに思い浮かばない。こんな自分にはなんの取り柄もないし、このまま何もしなくていいと開き直

っている自分もいました。

そもそも「私は強くこれがやりたい！　というものがある訳ではなく、秀でた才能がある訳でもなく、欲のない平凡な人間だ」というセルフイメージもありました。ところが、書き換えワークをすると、「私は今、何かやりたいと強く思っていて、今、人生で初めてどう生きたいかを考えている！」そういうセルフイメージに変わったのです。そのことに気づいたときは震えました。

さらに、ヒーローインタビューのワークのとき、それまでは「言うのはタダ、できる・できないではない、言ったらやらなきゃいけない、言ったら取り返しがつかない、そういうことではない」と頭ではわかっていても、なかなか口にできなかった思いを言葉にできました。その瞬間、涙が出ました。

そのときに記した「未来記憶」の手書きメモは、今の私に、そしてこれからの私に、ずっと勇気をくれる一枚になる！　と思えました。

あれから私は、プロコーチになりました。今では、「思い描いたこと、言ってみたことは実現するよ。だからもうちょっとその話、聴かせて」って子どもたちによく話しています。これはいろいろなワークで私自身が体験したからこそで、これからも熱く、子どもたちに言い続けることができると思います。

朝起きたときからイライラしていた私はもういないし、これからも娘二人の人生を応援していけるし、私が私自身の人生を楽しみ、目標を持って進んでいくことで、夫・両親・友人・そしてまだ見ぬたくさんのママたちに、「Ｈａｐｐｙの波紋」を起こしていきます。

エピローグ

かつての私は、自分の感情に振り回されていました。上がったり下がったり、ジェットコースターに乗っているように、こころが浮き沈みし、生きづらさを感じていました。

そんな私がママになってみると、子どもにどうしようもなく感情的になってしまうことが増え、ますます自分のことが嫌いになっていきました。そんな当時のことを思い出すと、今でも胸がキューっと痛みます。

この本を手に取ってくださったあなたも、もしかしたら私と同じように感じておられるのかもしれませんね。そんなあなたに私は伝えたいです。

「絶対に大丈夫だよ」と。

あなたの苦しさや悲しさ、生きづらさは、永遠ではありません。必ず抜け出すことができます。私はそこから抜け出し、毎日本当に穏やかで、最高に幸せな日々を過ごせています。

けれどもそれにはちょっとしたコツがあります。それはほんの少しだけ、今ま

でとは違う考え方をしてみたり、思い込みを外してみたりすることです。そして何より大事なのが、自分の感情を無視せず、自分の中に受けいれることです。あなたのこころの中に、感情の居場所を作り、その感情に寄り添ってください。

それさえできるようになれば、自分との対話が上手にできるようになり、あなたがあなた自身の味方になれるのです。世界中で他の誰でもない、あなた自身があなたの味方になり、生涯、あなたを勇気づけていく存在となるでしょう。

私がプロコーチとなってからの10年間、数えきれないほど多くの、子育てや夫婦関係に悩むママたちと出会ってきました。今でも毎日というほど、ママたちの悩み相談を受けています。

最初はまるで闇の中にいるようだったり、どん底で毎日がつらくてうまくいかなくて、どうしたらいいかわからなかったり……。それでも、悩みを全て出し切り、こころの声を聞き、感情を大切に扱うことで、皆さん激変していかれました。

感じ方・捉え方が変わり、考え方が変わると、言葉や行動が変わります。ママの言葉や行動が変わると、子どもや夫、周りの人の反応が変わります。ママから笑顔と幸せの波が広がっていくのです。

もしも今、あなたが子育てのこと、夫婦のこと、仕事やこの先の人生のことなどで悩んでいるなら、それは今以上に成長・幸せになる素敵なきっかけです！ 自己否定・自己嫌悪を今すぐやめ、前向きに自分と向き合うことを始めてください。

この世界で唯一無二、掛け替えのない存在であるあなた自身のことを、まずは一番に大切にしてください。そして、「私は本当はどうしたいの？」と自分に問いかけることから始めてください。

最後に、この本は、私にコーチングを教えてくれた先生方、共に学び高め合えるコーチ仲間たち、私に出会い相談を寄せてくださったたくさんのママたち、ママコーチスクールの受講生さんたち、その受講生さんや私を支えてくれるサポートコーチのお陰で産まれることができました。こころから感謝いたします。本書を手に取ってくださったあなたにも、こころから感謝いたします。

そして何よりも、私がコーチングに出合うきっかけをくれた愛する我が子たち、そして出会ってから今日まで、変わらずに私を支え続けてくれている夫に感謝して、終わりの言葉にしたいと思います。

二〇二三年九月吉日

愛川よう子

●著者プロフィール

愛川よう子（あいかわようこ）

1976年生まれ、二児の母。メンタルコーチ、公認心理師、一般社団法人日本親子コーチング協会理事、MUSEママコーチスクール主宰。会社員時代、自身の子育ての挫折からコーチングに出合い、それをきっかけに親子の信頼関係の土台をつくり直す。その経験を生かして、同じように子育てで悩む母親たちにコーチングの輪を広げたいとプロコーチに転身。

アドラー心理学に基づいた「勇気づけ」や「聴く」「伝える」コミュニケーションを交え、子育てママのイライラ・自己嫌悪を解消し、子どもの勇気と自信がぐんぐん育つ「子育てコーチング」を専門にしている。講演会・研修・コーチング講座・セッションなどを行う。アドラー流コーチングをベースに、これまで1300人以上のママが変化した感情マネジメントやノートワークを取り入れ、女性の３大悩み（子育て・パートナーシップ・仕事）を解決する独自カリキュラムを開発。現在はママのためのコーチングスクールを創設し運営しており、好評を博している。

ママたちからはたった半年で「怒ることがなくなった」「ママ大好きと言ってもらえるようになった」「こんなに毎日家族と笑顔で幸せに生きられるなんて！」と数々の感動のメッセージが寄せられている。

・ブログ
https://ameblo.jp/ud-ikuji

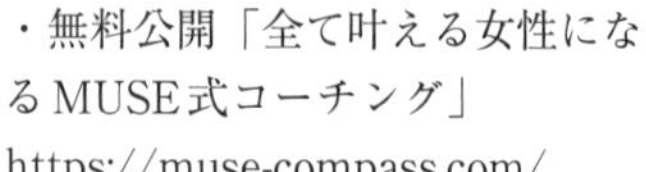

・無料公開「全て叶える女性になるMUSE式コーチング」
https://muse-compass.com/

ママの自己肯定感がグンと高まる
アドラー流「感情マネジメント」

2023年10月27日　第1刷発行

著　者――――愛川よう子

発行人――――山崎 優

発行所――――コスモ21
〒171-0021　東京都豊島区西池袋2-39-6-8F
☎03(3988)3911
FAX03(3988)7062
URL https://www.cos21.com/

印刷・製本――中央精版印刷株式会社

定価はカバーに表示してあります。

ISBN978-4-87795-430-7 C0030